D1208898

DAMALS

La campagne de France de la division SS « Totenkopf » en photos

TOTENKOPF 1940

Fac-similé de

DAMALS

Erinnerungen an grosse Tage der
SS Totenkopf-Division im französischen Feldzug 1940

Textes de l'avant-propos, légendes, remarques et annotations par Éric LEFÈVRE

Traduit de l'Allemand par Éric Lefèvre

Translated from the French and the German by Lawrence Brown

DAMALS

A pictorial representation of the SS-Totenkopf Division campaign of 1940 in France

Histoire & Collections

SOMMAIRE

CONTENTS

Avant-Propos

PUBLIÉ EN 1942 À L'INSTIGATION du *SS-Führungshauptamt*, la direction purement militaire des Waffen-SS, cet album de photos répondait à une exigence précise: valoriser l'image de la *SS-Totenkopf-Division*, une grande unité assez particulière, qui avait fait jusqu'alors l'objet de suspicion et de critiques au sein de la Wehrmacht, si ce n'est chez les SS eux-mêmes. Les combats de la poche Demiansk, en Russie, où elle venait de se distinguer de février à avril, doraient pourtant déjà cette image.

Cette suspicion et ces critiques tenaient à la composition en personnel initiale de l'unité, à la personnalité et à l'ambition de son chef, le *SS-Obergruppenführer* Theodor Eicke, à sa mise sur pied opérée en 1939 quelque peu en dehors des règles. Il s'agissait maintenant de montrer qu'elle avait malgré tout fait aussi bonne figure en 1940 que les meilleures divisions de la *Heer*. Et cela bien qu'elle ne sortit pas d'un moule militaire et que le niveau global de ses cadres soit largement inférieur aux normes. Comme l'écrit Jean-Luc Leleu [1], il était *« beaucoup plus difficile aux officiers de l'armée de reconnaître de quelconques mérites à la division « Totenkopf » sans se remettre eux-mêmes en cause »*.

De ce fait, quoique ses personnels aient dans l'ensemble été imprégnés d'une idéologie particulièrement dure, l'on remarquera, et c'est voulu, que les textes et légendes du livre ne font guère, ou si peu allusion au national-socialisme. Hors l'aspect militaire de l'unité, omniprésent, il n'est question que de l'Allemagne éternelle, d'un patriotisme au fond très traditionnel, auquel pourrait se référer n'importe quelle unité de la *Wehrmacht*. Les hommes à la tête de mort, des soldats comme les autres?

Une division dont le noyau est constitué de gardiens de camps de concentration!

Alors que la campagne de Pologne s'achève, parallèlement à la constitution en *SS-Verfügungs-Division* de la *SS-Verfügungstruppe*, — en abrégé *SS-VT* —, la composante réellement militarisée des SS, Hitler ordonne le 18 septembre 1939 la création de deux autres divisions de campagne composées de SS ou assimilés, destinées à être elles aussi engagées dans les futures batailles. Verront ainsi le jour la *SS-Polizei-Division* et la *SS-Totenkopf-Division*. Pour le Führer, cependant, cette force n'est encore que symbolique. A ses yeux, en 1939, la vocation des formations armées des SS reste policière et répressive.

Le noyau de la « Totenkopf » doit être fourni par les *SS-Totenkopfverbände* — en abrégé *SS-TV* — les formations dites « à tête de mort ». En 1939, à la veille de la mobilisation, elles comprennent un échelon de commandement coiffant cinq *SS-Totenkopf-Standarten*, l'équivalent de régiments d'infanterie, affectées à cinq grands camps (Buchenwald, Dachau, Flossenbürg, Sachsenhausen et Mauthausen) et renforcées d'unités des transmissions, du génie et du service de santé. A l'origine seulement destinées à la garde des camps de concentration, devenues *« organisation au service de l'Etat »* en 1936, leurs missions se sont depuis diversifiées. Dès 1937, elles se sont sensiblement militarisées et même partiellement motorisées à partir de l'année suivante. Un décret secret de Hitler du 17 août 1938 a stipulé qu'en cas de conflit, elles seraient amenées à effectuer des missions d'ordre policier, qu'une partie de ses effectifs pourraient même être versés dans la SS-VT et être ainsi amenés à opérer au sein de la Wehrmacht. En contrepartie, les *SS-T-Standarten* seraient alors étoffées par des réservistes de l'*Allgemeine SS*, qualifiés de *Polizeiverstärkungen*, renforcements de police.

Six *Sturmbanne* (bataillons) des SS-TV ont pris part à l'occupation des Sudètes en septembre 1938 et deux à l'occupation de la Bohême-Moravie en mars 1939. Enfin, un nouveau décret du 18 mai suivant a stipulé que le service dans les SS-TV compterait comme accomplissement des obligations militaires dans la Wehrmacht — ce qui n'était pas jusqu'alors le cas — et qu'en cas

Foreword

PUBLISHED IN 1942, AT THE BEHEST or the *SS-Führungshauptamt*, the SS Main Command Office, this photo-album had to fulfil a precise objective, that of enhancing the image of the *SS-Totenkopf-Division*, a slightly unusual formation that had, up to that point in time, been viewed with suspicion and criticism within the Wehrmacht and the SS itself. The fighting within the Demyansk Pocket in Russia, where the Division had fought well between February and April had, however, already started to improve its image.

This suspicion and criticism stemmed from its original personnel and also from the personality of its commander, *SS-Obergruppenführer* Theodor Eicke, plus the unorthodox way in which it was formed in 1939. It was now a case of showing that it had, nevertheless, shown the same military prowess in 1940 as the best Army divisions, despite the fact that it was not of the same military mould and that, in overall terms, its officers were much below par.

To quote Jean-Luc Leleu [1], *' it was much harder for Army officers to admit that the Totenkopf had any merit without questioning their own '*.

As a result, even though the men of the Division were on the whole convinced of a particularly tough ideology, you will note that, intentionally, the texts and photo captions in this book hardly mention national-socialism. Aside from the omnipresent military aspect of the Division, mention is made only of Eternal Germany, of a form of patriotism which is in fact very traditional and which would have been adhered to by any Wehrmacht unit. Were the death's head soldiers like any others ?

A Division whose nucleus was formed from concentration camp guards !

With the Polish campaign reaching its conclusion, the same period saw the formation of the *SS-Verfügungs-Division* of the *SS-Verfügungstruppe*, - abbreviated to *SS-VT* - the veritable military wing of the SS and on 18 September 1939, Hitler ordered the creation of two other SS field divisions for future combat use. This resulted in the formation of the *SS-Polizei-Division* and the *SS-Totenkopf-Division*. For the Führer, however, these units were just for symbolic purposes. In 1939, Hitler considered that the role of these armed SS units would remain one of repression and policing.

The nucleus of the 'Totenkopf' would be supplied by the *SS-Totenkopfverbände* - abbreviated to *SS-TV* - the units known as the 'death's head'. On the eve of mobilisation in 1939, they comprised of a staff and five *SS-Totenkopf-Standarten*, each one the equivalent of an infantry regiment, attached to five large camps (Buchenwald, Dachau, Flossenbürg, Sachsenhausen and Mauthausen) and strengthened with signals, engineers and medical units. They were originally assigned purely to guarding concentration camps, becoming an organisation *'in the service of the State'* in 1936 and being given later a more diverse role. From 1937 onwards, they became much more militarised and in the following year became partially motorised. A secret decree signed by Hitler on 17 August 1938, stipulated that in the event of war breaking out, they would undertake a police role and that some of the personnel could even be sent to the SS-VT and thus operate within the Wehrmacht. To counterbalance this, the *SS-T-Standarten* would then be strengthened by Allgemeine SS reservists in so far as *Polizeiverstärkungen*, police reinforcements.

Six *SS-TV Sturmbanne* (battalions) took part in the occupation of the Sudetenland in September 1938 and that of Bohemia and Moravia in March 1939. Finally, a new decree on 18 May, stipulated that military service within the SS-TV would count in the same way as that within the *Wehrmacht*. This had not been the case up to that point and in the event of mobilisation, the SS-TV would have to reinforce the SS-VT. The decree also allowed the number of personnel to be increased to 25,000 in such circumstances by using the *Polizeiverstärkung*. In September, the calling up of *Allgemeine SS* reservists brought the total manpower of the SS-TV to 24,000. New *SS-T-Standarten* were formed and given the role of maintaining law and order, with the task of guarding camps now being handed over to *SS-T-Wachsturmbanne* units. In order to inject young blood into the ranks of the SS-TV, Hitler also authorised the SS to recruit a further 4,000 young men of the age groups of 1921-1922 [2], into a *SS-T-Rekrutenstandarte* created at Buchenwald.

At the same time, between one and three of the peace-time *SS-T-Standarten* [3] took part in the Polish campaign, undertaking police missions and, sadly !, ones of a different nature, behind the lines of the 8th and 10th armies, alongside the *Einsatzkommandos* of the Sipo/SD.

The formation of the division laboriously carried out, using all available possibilities

It was the Dachau camp, emptied of its 4,719 inmates for the occasion, that was chosen as the place to assemble the men of the new division and the formation of its units. October 9 saw the setting up of the *Aufstellungs stab*, the staff unit in charge of getting the Division on its feet and eventually commanding it, that had already been created by the concentration camps and SS-TV commander, *SS-Gruppenführer* Eicke. Thanks to the decrees of August 1938 and May 1939, there was an intake of 6,500 men from the active *SS-T-Standarten*, mostly from the first three, and which was entirely, or almost, used to make up the divisional infantry, and the *SS-Heimwehr Danzig* that had just undergone its baptism of fire in western Prussia (the 1st battalion of the *SS-T-Infanterie-Rgt. 3* would be its traditional unit).

The main part of the SS-TVs in active service, some 8,000 men, were thus almost all given a role to play ! To complete the divisional units, they had to use police reinforcements by bending more or less the legal texts as well as calling upon *Allgemeine SS* reservists (normally numbering 8,700) whose average age was really too high. 6,000 of them had already been incorporated into the newly created *SS-T-Standarten*. Some had done their time in the Army, but most were of the year groups that had escaped military service [4] and who had started receiving a short period of military training in 1938 with the two expansion units *(Ergänzungseinheiten)* of the SS-TV at Prettin (Saxony) and Breslau (Silesia), some of whose number came directly. Other active elements of the SS-VT joined, forming the nucleus of the artillery regiment, the engineer battalion and the signals and medical units.

The formation of the Division was completed by October 16. On the 31st, the theoretical strength had risen to 14, 889 men, of which only 37.3% were of active SS-TV and SS-VT personnel. The final strength would be much higher. Replacement units *(Ersatzeinheiten)* were formed in the weeks that followed for each field unit.

However, out of necessity, everything was improvised or obtained at the last minute. As far as the SS was concerned, their aim was to create a powerful motorised infantry division identical to the SS-V-Division. Logically enough, the Army though, had strong doubts as to the military capabilities of a formation made of this type of personnel. Acting as arbiter in the supplying of the necessary equipment, the Army balked at giving it the same privileged status as that enjoyed by the SS-V-Division, even though the complete motorisation of the SS-TV and SS-VT had been planned in 1938, deciding finally to only partially motorise the Division. Backed by Himmler, SS-Gruf. Eicke imposed his will. Something in which he was not lacking ! Although his division was finally completely motorised, it was partly equipped with armaments from the disbanded Czechoslovakian army, like the *SS-Polizei-Division* [5], which was not motorised, and the nine 5th and 6th 'waves' of Army infantry divisions. For the SS-T-Division itself, this was limited to light and heavy machine guns, some of the howitzers and guns of the artillery regiment, the tanks of the reconnaissance unit and the materiel used by the engineers of the bridging column. All this could only render more complicated the training of the men.

For SS-Gruf. Eicke and his new staff, the months of October, November and December were the most difficult. Indeed, they not only had to organise and train the units, individually as much as collectively, but also ensure their supply in armaments and equipment, then install discipline and create an esprit de corps. This was no easy task as the members of the SS-TV in active service, even when they had completed four years of service, had not necessarily received full military training. Ninety per cent of the officers

de mobilisation, les SS-TV devraient renforcer la SS-VT. Il a également autorisé à porter leurs effectifs à 25 000 hommes en cette circonstance, en recourant à la Polizeiverstärkung. En septembre, l'appel des réservistes de l'*Allgemeine SS* permet ainsi de porter l'effectif global des SS-TV à près de 24 000 hommes. De nouvelles SS-T-Standarten sont formées et affectées au maintien de l'ordre, la garde des camps étant désormais confiée à des *SS-T-Wachsturmbanne*. Pour tenter de rajeunir les effectifs des SS-TV, Hitler autorise également les SS à recruter 4 000 jeunes gens supplémentaires des classes de 1921-1922 [2], accueillis dans une *SS-T-Rekrutenstandarte* créée à Buchenwald.

Conjointement, entre une et trois des *SS-T-Standarten* actives [3] prennent part à la campagne de Pologne en effectuant des missions de police – voire plus, hélas ! – sur les arrières des 8e et 10e armées, aux côtés des *Einsatzkommandos* du Sipo/SD.

Une formation menée à bien laborieusement, en recourant à toutes les possibilités offertes

C'est le camp de Dachau, provisoirement vidé de ses 4 719 détenus, qui est choisi pour rassembler les hommes de la nouvelle division et constituer les unités. A partir du 9 octobre s'y installe l'*Aufstellungsstab*, « état-major de mise sur pied », déjà créé à cette fin par le *SS-Gruppenführer* Eicke, chef des SS-TV et des camps de concentration, qui a été désigné pour la mettre sur pied et la commander. Grâce aux décrets d'août 1938 et mai 1939, peuvent être dirigés sur le camp 6 500 hommes des *SS-T-Standarten* actives, provenant essentiellement des trois premières, qui servent en leur entier ou presque à constituer l'infanterie divisionnaire, et la *SS-Heimwehr Danzig* qui vient de connaître l'épreuve du feu en Prusse occidentale (le Ier bataillon du SS-T-Infanterie-Rgt. 3 sera son unité de tradition). Les effectifs des SS-TV actives, quelque 8 000 hommes, sont ainsi presque intégralement employés ! Pour compléter les unités divisionnaires, il faudra bien dans ce cas encore recourir aux renforcements de police, en torturant plus ou moins les textes légaux, et requérir des réservistes de l'*Allgemeine SS* – 8 700 en principe – d'une moyenne d'âge sensiblement trop élevée. 6 000 d'entre eux ont déjà été incorporés dans les *SS-T-Standarten* nouvellement créées. Certains ont fait leur temps dans l'armée, mais la plupart appartiennent aux « classes blanches » [4] et ont reçu à partir de 1938 une courte instruction militaire dans les deux unités de complément *(Ergänzungseinheiten)* des SS-TV de Prettin (Saxe) et Breslau (Silésie), dont une partie des effectifs provient directement. S 'y adjoignent quelques éléments actifs de la SS-VT qui formeront le noyau du régiment d'artillerie, des bataillons du génie et des transmissions et des services sanitaires.

La mise sur pied est terminée dès le 16 octobre. Le 31, l'effectif théorique se monte à 14 889 hommes, dont seulement 37,3 % de personnels actifs issus des SS-TV et de la SS-VT. L'effectif finalement réalisé sera largement supérieur. Des unités de recomplètement en personnel *(Ersatzeinheiten)* seront formées au cours des semaines suivantes pour chaque corps de troupe combattant.

Mais tout sera nécessairement improvisé, obtenu à l'arraché. Du côté des SS, l'on vise à constituer une puissante division d'infanterie motorisée, identique à la *SS-V-Division*. Mais, fort logiquement, la *Heer* doute fortement des capacités militaires d'une formation composée d'un tel personnel. Arbitre en la matière en tant que fournisseur des moyens nécessaires, elle rechigne à lui donner le même statut privilégié qu'à la *SS-V-Division* – même si la motorisation intégrale des SS-TV et de la SS-VT était prévue dès 1938 – et décide initialement de ne la motoriser que partiellement. Épaulé par Himmler, le SS-Gruf. Eicke devra imposer sa volonté. Il n'en manque pas ! Reste que sa division, fût-elle finalement entièrement motorisée, sera en bonne part équipée d'armements de l'armée tchécoslovaque dissoute, comme la *SS-Polizei-Division* [5] – quant à elle non motorisée – et les neuf divisions d'infanterie des 5e et 6e vagues de la *Heer*. Dans son propre cas, cela se limite aux fusils-mitrailleurs et mitrailleuses, à une partie des obusiers et canons du régiment d'artillerie, aux chars de combat du groupe de reconnaissance et au matériel de la colonne d'équipage de pont du génie. Cela ne peut que compliquer l'instruction des troupes.

Pour le SS-Gruf. Eicke et son nouvel état-major, les mois d'octobre, novembre et décembre sont les plus difficiles. Il faut en effet non seulement organiser les unités et les instruire tant individuellement que collectivement, mais aussi assurer leur approvisionnement en armes et équipements et enfin instaurer une discipline et créer un esprit de corps. Ce ne sera pas simple, car les éléments actifs des SS-TV, même quand ils totalisent quatre ans de services, n'ont pas pour autant reçu une formation militaire complète. Si les neuf dixièmes des officiers sont issus des SS-TV et de la SS-VT, et donc d'unités actives, tous ne possèdent pas les connaissances voulues, le commandant de division le premier. Si des fantassins, artilleurs et transmetteurs sont rapidement envoyés dans les écoles de la Heer, armes, véhicules et équipement, fournis par l'*Ersatzheer*, l'armée de l'intérieur, seront longs à obtenir, sinon en faibles quantités. C'est la période où se constituent de nombreuses nouvelles grandes unités et tout le monde ne peut être satisfait en priorité. Dans un premier temps, le SS-Gruf. Eicke se sert d'autorité dans les réserves des SS-TV, ce qui amène Himmler à le rappeler à l'ordre !

Quant aux mentalités, si les volontaires des SS-TV apportent leur acquis de troupe globalement obéissante et dévouée à son chef, idéologiquement dure, les réservistes de l'Allgemeine SS, fussent-ils les « vrais » SS, n'ont pas tous reçu la même formation et s'avèrent peu enclins à s'y plier. Suite à quoi, le SS-Gruf. Eicke instaure une discipline de fer, n'hésitant pas, illégalement d'ailleurs, à faire interner ses hommes les plus fautifs dans un *KZ-Lager* !

La méfiance de la Wehrmacht s'estompe sensiblement

Début décembre 1939, la division, qui a quand même atteint un relatif niveau de cohésion et dispose d'un parc automobile déjà conséquent, sans pourtant avoir atteint un niveau d'instruction suffisant, est transportée dans le *Wehrkreis V*, placée en réserve de l'OKH à dater du 20. Répartis dans des casernes de Ludwigsburg, Heilbronn (QG) et Neckarsulm, dans le Wurtemberg, les hommes vont désormais bénéficier d'une instruction avant tout physique, et aussi aborder les questions techniques liées à l'emploi d'une division motorisée. Le SS-Gruf. Eicke entreprend même de rédiger de nouvelles règles d'emploi conformes à sa personnalité, axant toute manœuvre sur la concentration des feux sur l'avant, en faisant fi de toutes les subtilités de la guerre de mouvement ! Les stages spécialisés dans les écoles et unités d'instruction de la Heer se poursuivent. Maintenant s'amorce le début d'une transformation qui s'étalera sur cinq mois.

Les 30 et 31 janvier 1940, sans quitter le Wurtemberg et le *Wehrkreis V*, les unités sont dirigées sur le terrain de manœuvres de Münsingen, la « Sibérie allemande », prenant la place de la 183e Infanterie-Division de la *Heer*. Les conditions hivernales s'y avèrent assez éprouvantes. D'autant que, comme l'ensemble du matériel, l'habillement est encore incomplet. Le SS-Gruf. Eicke continue de réclamer les armes lourdes qui lui manquent, harcèle Himmler au point de l'indisposer ! L'instruction est maintenant axée sur le tir avec tous les types d'armes déjà disponibles, y compris les obusiers et canons du régiment d'artillerie. La *Heer* fournit naturellement les instructeurs formant le personnel sur les matériels tchécoslovaques.

Mais les capacités opérationnelles et le sens de la discipline voulus sont encore loin d'être atteints. La *Heer* continue de voir d'un œil méfiant cette unité composée d'anciens gardiens de camps de concentration et de réservistes âgés, aux capacités militaires incertaines. Bien que Himmler et Eicke aient souhaité qu'elle fasse partie, comme la *SS-V-Division*, de la première vague d'attaque dans le cadre de l'offensive attendue à l'Ouest, le General der Artillerie Halder, chef d'état-major de la *Heer*, décide qu'elle sera maintenue en réserve de l'OKH, tout en étant rattachée à la 2e armée à dater du 27 février.

Les 7 et 8 mars 1940, la division quitte donc Münsingen pour s'installer dans ses nouveaux quartiers près de Korbach (QG), à Brilon, Frankenberg, Arolsen et Niedermarsberg, dans le *Wehkreis IX*, aux confins de la Hesse-Nassau et de la Westphalie. Concomitamment, une disposition secrète de l'OKW accepte définitivement le vocable générique de « Waffen-SS » proposé par le *Reichsführer SS* dès le 1er décembre 1939. Il est officiellement admis que la *SS-T-Division* et ses unités Ersatz en font intégralement partie.

Il s'agit à présent, en l'espace de deux mois, de transformer l'unité en un outil pleinement opérationnel. L'instruction et l'entraînement vont être menés à un rythme intensif, sept jours sur sept, de l'aube au crépuscule. Enfin, le gros de l'armement, des munitions, du matériel roulant, de l'équipement et de l'habillement est livré. Les unités peuvent vraiment s'initier aux techniques de rassemblement, de coordination des mouvements et de déploiement en vue du combat, à la coopération entre les armes, aux tactiques d'assaut, au combat rapproché... Le 2 avril, le General der Kavallerie von Weichs und zur Glonn, commandant la 2e armée, vient pour la première fois inspecter la division, avec un a priori nettement défavorable. Au bout du compte, il se montre heureusement surpris par l'allure et la condition physique des personnels, leurs capacités manœuvrières. Il fera en sorte qu'à la fin du mois, le SS-Gruf. Eicke ait enfin pu obtenir tout ce qui lui manque encore, y compris les pièces de

were from the SS-TV and SS-VT, active units therefore, but not all had the required knowledge, especially the divisional commander. Although infantry, artillery and signals personnel were quickly dispatched to the Army schools, the weapons, vehicles and equipment supplied by the *Ersatzheer* (replacement training army) were long in coming and when they did arrive it was in small quantities. This was a period that saw the formation of many new formations and not everyone could be supplied first. Initially, SS-Gruf. Eicke used his authority to help himself to the SS-TV stores, leading to Himmler bringing him to heel !

As for attitudes, although the SS-TV volunteers brought with them a reputation for being generally obedient, loyal to their commander and ideologically tough, the *Allgemeine SS* reservists, even though they were 'real SS', had not received the same training and turned out to be little inclined to buckle down. Because of this, SS-Gruf. Eicke installed iron discipline and did not hesitate, illegally as it happens, to imprison his most badly disciplined men in a *KZ-Lager* !

The Wehrmacht's distrust greatly diminishes

At the beginning of December 1939, the Division, which had achieved a level of relative cohesion with an already large vehicle pool without having reached a reasonable level of training, was transported to *Wehrkreis V* where it was placed in the OKH reserve starting on the 20th of the month. The men were quartered in barracks at Ludwigsburg, Heilbronn (HQ) and Neckarsulm in the Würtemberg region, undergoing a predominantly physical training, but also looking at the technical aspects linked to a motorised division. SS-Gruf. Eicke even began writing new rules as to his division's use that conformed to his personality, putting the onus, above all, on concentrating firepower at the forefront and flouting all the subtleties of the war of movement ! Specialist courses continued in the schools and training units of the Army. What started now was a transformation that would span five months.

On 30 and 31 January, without leaving the Würtemberg region and the *Wehrkreis V*, the units headed for the training ground of Münsingen the 'German Siberia', where they took over from the Army's 183rd Infanterie-Division. The wintry conditions proved to be quite harsh, especially as the clothing stores were as yet incomplete. SS-Gruf. Eicke continued his pestering in order to obtain heavy weaponry and even ended up by antagonising Himmler ! The onus on training was now placed on firing with all types of weapons already available, including the artillery regiment's howitzers and guns. The Army naturally supplied the instructors that trained the personnel in the use of Czechoslovakian materiel. However, the operational capabilities and the required discipline were still far from having been reached. The Army still looked with mistrust upon this unit made up from former concentration camp guards and old reservists of uncertain military capabilities. Although Himmler and Eicke had wanted the Division to be part of the first assault wave in the coming offensive in the West, which was the case of the SS-V-Division, General der Artillerie Halder, the Army Chief of Staff, decided that it would remain in the OKH reserve, but attached to the 2nd army beginning on 27 February.

On 7 and 8 March, the Division therefore left Münsingen for its new quarters near Korbach (HQ) and at Brilon, Frankenberg, Arolsen and Niedermarsberg in the *Wehkreis IX* on the borders of Hesse-Nassau and Westphalia. Concomitantly, a secret OKW arrangement definitively accepted the generic name of *'Waffen-SS'* starting on 1 December 1939. It was officially accepted that the *SS-T-Division* and its *Ersatz* units would be an integral component. Now they had two months to transform the unit into a fully operational tool. Intensive training and instruction was carried out seven days a week, from dawn to dusk. At last, the bulk of the weaponry, munitions, vehicles, equipment and clothing was delivered. The units could now really try out assembly techniques, movement coordination and deployment for combat operations, inter-arm cooperation, assault tactics and close-quarter combat. On 2 April, General der Kavallerie von Weichs und zur Glonn, the commander of the 2nd army, inspected the Division for the first time. As a result he was nicely surprised by the bearing and physical condition of the personnel and their manœuvring capabilities. He made sure that, by the end of the month, SS-Gruf. Eicke had obtained everything that was still lacking, including the guns for his heavy artillery battalion. The first four 150 mm sFH 18 howitzers, German made this time, arrived on 30 April, with the eight others being delivered on 8 May. The Divi-

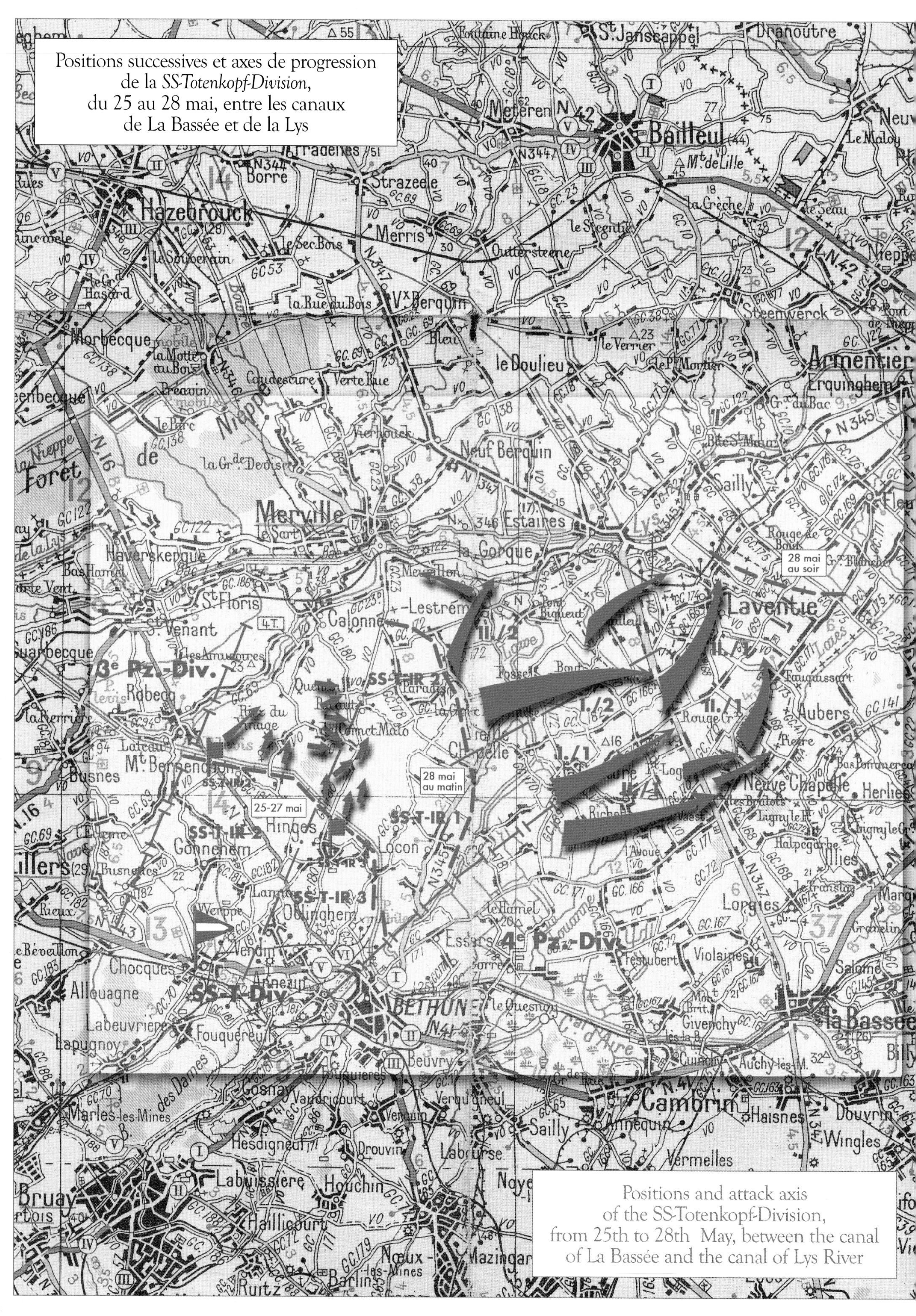

Positions successives et axes de progression de la *SS-Totenkopf-Division*, du 25 au 28 mai, entre les canaux de La Bassée et de la Lys

Positions and attack axis of the SS-Totenkopf-Division, from 25th to 28th May, between the canal of La Bassée and the canal of Lys River

son groupe d'artillerie lourde. Les quatre premiers obusiers de 150 mm sFH 18, des matériels allemands ceux-là, arriveront le 30 avril, les huit suivants le 8 mai. La division est désormais totalement équipée.

Dès le 19 avril, toutes les permissions sont supprimées. Le 1er mai, la division réalise un effectif de 668 officiers, 2 825 sous-officiers et 17 818 hommes de troupe, soit 21 311 rationnaires. Beaucoup plus qu'une division d'infanterie motorisée de la *Heer*, qui aligne, il est vrai, deux régiments d'infanterie motorisés seulement.

Le 9 mai, le train divisionnaire va réceptionner 60 tonnes de vivres à Kassel. Le 10, comme l'ensemble de la 2e armée, la division est en alerte maximum. Le 12, Eicke reçoit enfin l'ordre de se transporter sur une zone de départ plus proche de la frontière des Pays-Bas. Le mouvement est amorcé à 20 heures et les unités viennent se rassembler au nord-est de Cologne, toujours en réserve de l'OKH.

Le 17 mai seulement, la division, placée en réserve du groupe d'armées B, reçoit ses ordres de marche.

Le baptême du feu en Artois, au Cateau et à Arras

Mis en route dès le 17 mai au soir, les quatre groupements de marche divisionnaires traversent la Rhénanie, le Limbourg et la Belgique au milieu d'un embouteillage de troupes. Le train et l'intendance sont vite distancés et ne rejoindront que deux jours plus tard. Au soir du 18, la division est rattachée au groupe d'armées A dont les formations blindées ont percé le front français à Sedan cinq jours plus tôt. Elle doit rejoindre en Artois le XVe corps d'armée motorisé du General der Infanterie Hoth, qui réunit déjà les 5e et 7e Panzerdivisionen.

Le 19 à 4 heures, le SS-Gruf. Eicke reçoit son premier ordre d'opérations du XVe corps, qui lui enjoint de juguler la menace pesant sur la 7e Pz.-Div. du Generalmajor Rommel en nettoyant une zone située entre Le Cateau et Landrecies (Nord). Il y dirige à cette fin le SS-T-Inf.-Rgt. 1 (mot) renforcé. Le 19 mai en fin de journée et le 20 dans la matinée, à Catillon, l'Arbre-de-Bresle, Saint-Souplet et Rejet-de-Beaulieu notamment, les unités du régiment reçoivent avec succès leur baptême du feu face à des reliquats de la 4e DI nord-africaine déjà disloquée, manifestement des tirailleurs du 23e RTA très déterminés et des Européens du 13e Zouaves, renforcés d'artillerie. Les combats vont jusqu'au corps à corps. Le SS-T-Inf.-Rgt. 1 fait quand même plus de 1 600 prisonniers, dont deux colonels, au prix de 15 tués et 53 blessés. Le XVe corps motorisé peut dès lors poursuivre son avance.

Le 20 mai toujours, à présent rattachée au XXXIXe corps d'armée motorisé du *Generalleutnant* R. Schmidt du fait que le XVe devient groupement Hoth et coiffe désormais deux corps, la division reçoit l'ordre de rouler vers l'ouest en trois groupements et de franchir la Sambre en direction de Cambrai et d'Arras, insérée entre les 7e et 8e Pz.-Div. Leur mission commune consiste à boucher les brèches créées par les divisions du Pz.-Gruppe Kleist fonçant droit vers la Manche. Seul le *SS-T-Inf.-Rgt. 3* (mot) se heurte à des automitrailleuses françaises au nord et à l'ouest de Cambrai.

Alors que le XIXe corps motorisé de Guderian a déjà atteint la mer, les unités du XXXIXe bivouaquent dans la nuit du 20 au 21 après avoir elles-mêmes bien progressé. Couvrant la 7e Pz.-Div., le SS-T-Inf.-Rgt. 3 est déjà au sud d'Arras. La *SS-T-Division* doit se préparer à encercler la ville le lendemain. Mais le haut-commandement hésite encore. Le 21 mai à midi, Hitler donne enfin son accord à une attaque de grande ampleur mettant en œuvre toutes les forces blindées et motorisées du groupe d'armées A pour anéantir les forces alliées maintenant encerclées dans le Nord. Suite à quoi la *SS-T-Division* doit se rassembler en force, franchir la Scarpe et atteindre la RN 39 à l'ouest d'Arras en empruntant deux itinéraires.

Mais leur adversaire va jouer son ultime carte. C'est en plein mouvement que peu après 14 h 30, les colonnes de la *SS-T-Division* et de la 7e Pz.-Div. subissent de plein fouet la contre-attaque franco-britannique organisée par le Major-General Franklyn à l'ouest d'Arras pour couper les lignes de communication des Panzerdivisionen marchant vers la mer. Elle les prend de flanc et par surprise. Le choc des chars Matilda I et II de la *1st Army Tank Brigade* et des fantassins de la 151st Infantry Brigade, renforcés d'artillerie, appuyés par les chars et dragons portés de la 3e DLM, qui couvre le flanc ouest de l'attaque, crée un certain flottement, par moments proche de la panique.

Au sud, au sud-ouest et à l'ouest de la ville, à Mercatel, Ficheux, Hendecourt-lès-Ransart et Ransart notamment, comme à Simencourt, Berneville, Montenescourt et Aubigny, des combats les opposent à l'ensemble des SS-T-Inf.-Rgt. 2 et 3 (mot), aux chars Skoda de la 3e compagnie du groupe de reconnaissance, aux 2e et 3e compagnies du bataillon de *Panzerjäger*, aux Ier et IIIe groupes du régi-

sion was now fully equipped. On 19 April, all leave was cancelled. On 1 May, the Division had a strength of 668 officers, 2,825 NCOs and 17,818 privates, a total of 21,311. This was higher than an Army motorised division that only had two infantry regiments. On 9 May, the divisional supply services received 60 tonnes of provisions at Kassel. On the 10th, the Division was put on full alert, along with the entire 2nd army. The 12th saw Eicke at last receiving the order to move towards a forming up postions closer to the Dutch border. Movement began at 20.00 hrs with the units assembling north-east of Cologne, still as part of OKH reserve. It was not until the 17th that the Division, placed in the reserve of Army Group B, received its movement orders.

The baptism of fire in the Artois, at Le Cateau and Arras

Moving off in the evening of 17 May, the four divisional columns passed through the Rhineland, the Limburg and Belgium in the middle of a military traffic jam. The supply and administrative units were rapidly left trailing behind and only caught up two days later. On the evening of the 18th, the Division was attached to Army Group A whose armoured units had broken through the French frontline at Sedan five days previously. The Division was to make its way to the Artois and join the XV motorised army corps of General der Infanterie Hoth, that already comprised of the 5th and 7th Panzerdivisionen.

On the 19th at 04.00 hrs, SS-Gruf. Eicke received his first field orders from XV Corps, instructing him to stem the threat hanging over the 7th Pz.-Div. commanded by Generalmajor Rommel, by mopping up a zone situated between Le Cateau and Landrecies (Nord departement). To achieve this he sent the strengthened SS-T-Inf.-Rgt. 1 (mot). At Catillon, l'Arbre-de-Bresle, Saint-Souplet and Rejet-de-Beaulieu notably on 19 May, at the end of the day and the morning of the 20th, the regiment's units had their baptism of fire against the remains of the already dislocated North-African 4th Division d'Infanterie, manifestly the very determined 'tirailleurs' of the 23rd RTA and the Europeans of the 13th Zouaves, reinforced with artillery. At times the fighting was hand to hand. The SS-T-Inf.-Rgt. 1 managed to take 1,600 prisoners, including two colonels, at a cost of 15 killed and 53 wounded. The motorised XV Corps could now continue its advance. Still on the 20th and now attached to the motorised XXXIX army corps led by Generalleutnant R. Schmidt, because the XV had become the Group Hoth with two corps, the Division received the order to drive towards the west in three battle groups and cross the river Sambre towards Cambrai and Arras, between the 7th and 8th panzer divisions. Their objective was to link up the gaps created by the divisions of Pz.-Gruppe Kleist that was heading straight for the English Channel. Only SS-T-Inf.-Rgt. 3 (mot) came up against French armoured cars to the north and west of Cambrai. With Guderian's motorised XIX Corps already at the sea, the units of the XXXIX Corps bivouacked during the night of 20-21 May after having made great progress also. Protecting the 7th Pz.-Div., SS-T-Inf.-Rgt. 3 was already south of Arras. The *SS-T-Division* had to prepare itself to encircle the town the following day. However, the high command was still hesitating. At midday on 21 May, Hitler at last gave his permission to launch a great attack using all of the armoured and motorised forces of Army Group A in order to annihilate the allied forces that were now cut off in the north. Following this order, the *SS-T-Division* was to gather in force, cross the Scarpe and reach the RN 39 road west of Arras by using two routes.

However, their adversary was to play his last cards. Whilst in the process of advancing, a little after 14.30 hrs, the columns of the *SS-T-Division* and the 7th Pz.-Div. were hit full on by the Franco-British counter-attack organised by Major-General Franklyn to the west of Arras and designed to cut the lines of communication of the Panzerdivisionen advancing to the coast. The counter-attack caught the Germans in the flank and totally by surprise.

The attack led by Matilda I and II tanks of the 1st Army Tank Brigade and the infantrymen of the 151st Infantry Brigade, strengthened with artillery and supported on the western flank by French tanks and motorised dragoons of the 3rd DLM, created a certain hesitation and, at times, almost panic. To the south, south-west and west of Arras, at Mercatel, Ficheux, Hendecourt-lès-Ransart and Ransart notably, like at Simencourt, Berneville, Montenescourt and Aubigny, the fighting involved the whole of SS-T-Inf.-Rgt. 2 and 3 (mot), the Skoda tanks of the 3rd company of the reconnaissance battalion, the 2nd and 3rd companies of the *Panzerjäger* battalion, the 1st and 3rd battalions of the artillery regiment and the 2nd company of the engineer battalion. Although contact had been lost with the XXXIX Corps, the situation was saved mostly thanks to the intervention of howitzers and guns firing over open sights, the 88 mm guns of the Luftwaffe Flak-Rgt. 202 and Stukas. This time, the *SS-T-Division* had lost 39 men killed, 66 wounded and two missing, a lot less than the neighbouring 7th Pz.-Div. whose situation was at times critical!

Three days lost at the canal of La Bassée

Stood down during the night of 21-22 May, the Division received the order to once more change direction and, via Aubigny, push tentatively towards the north-east. This it did, coming across only isolated pockets of resistance. On the 23rd, it found itself on a line between Houdain and Ourton, just south of Bruay-en-Artois when the Group Hoth attached it to its other motorised army corps, the XVI led by General der Kavallerie Hoepner. Alongside the 3rd and 4th Pz.-Div. and the *SS-V-Div.*, they led the attack of the Army Group A opposite the pocket in which the 1st French Army, the BEF and the Belgian Army were encircled. After a few isolated combats against individual tanks, the Division was ordered the same day to send its SS-T-Inf.-Rgt. 1 (mot) to the Aire canal, still known under the name of La Bassée, behind which the British 2nd Infantry Div. had already dug in, along with the group led by French General Tarrit (remains of the 1st DINA and other units). On 24 May, SS-Gruf. Eicke was ordered to cross the canal to the east of Béthune and Beuvry and set up a bridgehead with the 1st and 3rd battalions of SS-T-Inf.-Rgt. 1, supported by the regimental anti-tank and infantry guns, the 2nd artillery battalion and a company of engineers. Having undertaken this mission successfully, he nonetheless was ordered to pull back by XVI Corps as the *Führerhauptquartier* had ordered all the armoured and motorised forces of Army Group A to take up defensive positions along the canal. This was a controversial order and in any case the operation was useless and costly for the *SS-T-Division* (43 killed, 121 wounded and 5 missing).

SS-Gruf. Eicke, therefore, consolidated his positions on the south bank of the canal until 27 May, between those of the 3rd Pz.-Div. to the left and those of the 4th on the right, with the latter absorbing Béthune *(see map on page 6)*. Out-posts were still maintained on the other bank however. The SS men carried out several patrols and raids, but mostly exchanged artillery and mortar fire with the British 2nd Infantry Div. that had taken over and consolidated the sector held by the French troops under General Tarrit. Two GHQ heavy artillery battalions and two anti-aircraft battalions of the 2nd Flakkorps reinforced the sector held by the *SS-T-Division*. At the end of the afternoon of May 26, the halt order of the 24th was cancelled by OKH. The time had arrived to break up the armies surrounded by the German 4th, 6th and 18th armies. With the La Bassée canal as their starting line, the Group Hoth (XVI and XXXIX motorised corps, comprising now of four Pz.-Divisionen and the *SS-T-Division*) had to advance towards Lille and Armentières. At the same time as the 4th Pz.-Div., Eicke's division was to attack on the 27th at 08.00 hrs with his anti-tank guns leading the way. It was helped in this task by a corps artillery battalion, Nebelwerfer-Abt. 3 and two Flak battalions.

27 May, 1940, the hardest day

In the evening of 26 May and the following night, in order to undertake the next day's attack, two battalions (I./SS-T-Inf.-Rgt. 2 and II./SS-T-Inf.-Rgt.3), each supported by a full artillery battalion, a 37 mm Flak battery and an engineer company, established, sometimes with difficulty, bridgeheads on the northern bank of the canal.

On 27 May, before dawn, the bulk of the Division also began to cross the canal, with the objective of reaching the RN 347 road between Estaires and Neuve-Chapelle. However, it came up against the stubborn resistance of the 4th Brigade of the 2nd Infantry Division that had had plenty of time to prepare itself for a defence that was almost sacrificial in order to cover the withdrawal of the BEF towards Dunkirk. Having underestimated their enemy, the attackers were now paying the price for the order to halt of the 24th. This would be the hardest day of the whole campaign.

The villages, or hamlets of Locon, Le Cornet-Malo and Le Paradis were stiffly defended. There was even a period of hesitation in the middle of the day. In the afternoon, the remnants of the 4th Infantry Brigade, that had been greatly strengthened, dug in along a new defensive line on the Lawe canal and, in the evening, on the Lys canal, supported by the French Tarrit group. By nightfall, SS-Gruf. Eicke's men were stuck fast. The day's fighting had seen 155 men killed, 483 wounded and 53 posted as missing. Added to this, the results obtained by the two divisions were considered as being mediocre. The objectives they had been set had not been reached and the lines of communications had revealed themselves to be fragile. It is true that the British fought with the same ardour as that shown by the SS. Losing all self control, a company of I./SS-T-Inf.-Rgt. 2 (mot) that had been greatly shaken by the fighting, went as far as murdering a hundred prisoners at Le Paradis.

ment d'artillerie et à la 2e compagnie du bataillon du génie. Le contact ayant perdu avec le XXXIXe corps, la situation pourra quand même être rétablie, s tout grâce à l'intervention des obusiers et canons d'artillerie pointant à vue direc des 88 du Flak-Rgt. 202 de la Luftwaffe et des Stuka. Cette fois, la *SS-T-Divisio* perdu 39 tués, 66 blessés et 2 disparus, beaucoup moins que sa voisine la 7e Div., où la situation s'est par moment révélée critique!

Trois jours perdus sur le canal de La Bassée

Mise au repos durant la nuit du 21 au 22, la division reçoit l'ordre de chan une nouvelle fois de direction et, via Aubigny, de rouler avec précaution ver nord-ouest. Elle ne rencontre que des résistances isolées.

Le 23 mai, elle se trouve sur la ligne Houdain – Ourton, juste au sud de Bru en-Artois, quand le groupement Hoth la rattache à son autre corps d'armée mo risé, le XVIe du General der Kavallerie Hoepner. Avec les 3e et 4e Pz.-Div. et la *V-Div.*, celui-ci mène l'attaque en pointe du groupe d'armées A face à la poc dans laquelle se trouvent encerclés la 1re armée française, le BEF et l'armée bel

Après quelques nouveaux accrochages contre des blindés isolés, la divis reçoit le même jour l'ordre d'atteindre avec le SS-T-Inf.-Rgt. 1 (mot) le canal d'A dit encore de La Bassée, derrière lequel se retranchent déjà la 2nd Infantry D britannique et le groupement du général Tarrit (reliquat de la 1re DINA et autr Le 24 mai, le SS-Gruf. Eicke reçoit l'ordre de franchir la coupure à l'est de Béthu et à Beuvry pour y constituer des têtes de pont avec les Ier et IIIe bataillons du T-Inf.-Rgt. 1, appuyés par les antichars et canons d'infanterie régimentaires, le groupe du régiment d'artillerie et une compagnie du génie. Ayant assuré sa m sion avec succès, il doit néanmoins se replier sur ordre du XVIe corps, le *Füh hauptquartier* ayant ordonné à toutes les forces blindées et motorisées du grou d'armées A de s'installer défensivement sur le canal. Un ordre très controvers En tous cas, l'opération a été inutilement coûteuse pour la *SS-T-Division* (43 tu 121 blessés et 5 disparus).

Le SS-Gruf. Eicke consolidera donc ses positions sur la rive sud du canal jusqu 27 mai, intercalées entre celles de la 3e Pz.-Div. à gauche et celles de la 4e à dro ces dernières englobant Béthune (*voir la carte renseignée en page 6*). Des ava postes sont quand même maintenus sur l'autre rive. Les SS-Männer y effectu quelques patrouilles et coups de main, échangent surtout des tirs d'artillerie de mortiers avec la 2nd Infantry Div. britannique qui, ayant pris en charge le s teur du groupement Tarrit, consolide elle-même ses positions. Deux groupes d tillerie lourde des réserves générales et deux groupes de DCA du IIe Flakko renforcent le secteur de la *SS-T-Division*.

Le 26 mai en fin d'après-midi, l'ordre d'arrêt du 24 est annulé par l'OKH. L'he est venue de disloquer le groupe d'armées n° 1 cerné par les 4e, 6e et 18e arm allemandes. Partant du canal de La Bassée, le groupement Hoth (XVIe et XXX corps motorisés, réunissant dorénavant quatre Pz.-Divisionen et la *SS-T-Divisi* doit progresser en direction de Lille et d'Armentières. En même temps que la Pz.-Div., la division Eicke doit attaquer le 27 à 8 heures, antichars en tête. Elle bé ficie à cette fin de l'appui d'un groupe d'artillerie de corps d'armée, du Neb werfer-Abt. 3 et de deux groupes de Flak.

Le 27 mai 1940, la journée la plus dure

Dans la soirée du 26 mai et la nuit suivante, pour assurer l'attaque du len main, deux bataillons (I./SS-T-Inf.-Rgt. 2 et II./SS-T-Inf.-Rgt.3), appuyés chacun un groupe d'artillerie complet, une batterie de Flak de 37 et une compagnie génie, établissent, parfois non sans mal, des têtes de pont sur la rive nord du ca

Le 27 mai dès avant l'aube, le gros de la division commence de franchir à tour le canal, avec mission d'atteindre la RN 347 entre Estaires et Neuve-C pelle. Mais elle se heurte à une résistance opiniâtre de la 4e brigade de la 2 Infantry Division, qui a eu tout le temps de se préparer et se sacrifie presque p couvrir le repli du corps expéditionnaire britannique sur Dunkerque. Ayant so estimé leur adversaire, les assaillants payent maintenant le prix de l'ordre d'a du 24. Ce sera la journée la plus dure de toute la campagne. Les villages hameaux de Locon, du Cornet-Malo et du Paradis sont âprement disputés. Il même, en milieu de journée, une période de flottement. Dans l'après-midi, le quat de la 4th Infantry Brigade, fortement renforcé, installe finalement une n velle ligne de défense sur le canal de Lawe et au soir, sur le canal de la Lys, appu par le groupement Tarrit.

A la nuit, les hommes du SS-Gruf. Eicke sont bloqués sur place, épuisés. combats de la journée ont coûté 155 tués, 483 blessés et 53 disparus. De croît, les résultats obtenus par les deux divisions du XVIe corps motorisé en gées sont considérés comme médiocres. Les objectifs fixés n'ont pas été atte et les communications se sont révélées incertaines. Les Britanniques, il est

e sont battus avec une énergie aussi farouche que celle des SS. Perdant tout contrôle, une compagnie du I./SS-T-Inf.-Rgt. 2 (mot) très éprouvée est allé jusqu'à battre une centaine de prisonniers au Paradis.

Le 28 au matin, la division doit renouveler son effort avec deux régiments et, marchant à la fois sur Laventie à l'est (SS-T-Inf.-Rgt. 1) et Lestrem au nord (SS-T-Inf.-Rgt. 2), constituer une tête de pont sur le canal de la Lys. Si le premier objectif est aisément atteint, la défense ne faiblit pas au nord et l'attaque y stagne dès le début de l'après-midi.

Le 29 mai au matin, l'attaque reprend avec plus de succès du fait que les Britanniques commencent à se retirer. La tête de pont s'élargit, Estaires est prise par le SS-T-Inf.-Rgt. 1 (mot) en fin de matinée. Passant au-dessus de Hoepner, le General der Infanterie Hoth ordonne à Eicke de maintenir le contact avec l'ennemi en retraite jusqu'à Bailleul, que le SS-T-Inf.-Rgt. 2 (mot) atteint à 16 heures. Au même moment, la liaison est assurée avec les troupes du groupe d'armées B comprimant par l'Est le reliquat des forces franco-britanniques encerclées. L'armée belge a cessé le combat la veille. A présent, les prisonniers britanniques et français s'accumulent dans le secteur divisionnaire. Puis le XVIe corps motorisé reçoit une nouvelle fois l'ordre de s'arrêter. Les unités blindées et motorisées doivent se reposer et se rééquiper en vue de la deuxième phase de la campagne, laissant aux divisions d'infanterie hippomobiles et à la Luftwaffe le soin de réduire la poche de Dunkerque. Pour la *SS-T-Division*, la première phase du *Westfeldzug* s'achève.

Le 30 mai au soir, à Bailleul, le SS-Gruf. Eicke est informé qu'il doit gagner la côte pour se remettre en condition. Du 19 au 29 mai, la division a en effet perdu 1 140 hommes tués, blessés ou disparus. Les pertes en véhicules et armements sont également sensibles : 46 camions, plusieurs blindés du groupe de reconnaissance, 12 canons antichars, d'innombrables motocyclettes, mortiers, mitrailleuses, etc. Employé sans discontinuer, le matériel automobile a besoin d'une sérieuse révision.

La sûreté des côtes de la Manche et de la mer du Nord

Rattachée au XVIe Armeekorps (mot.) jusqu'au 2 juin et au IVe corps d'armée du General der Infanterie von Schwedler du 2 au 6, la division, relevant la 13e Inf.-Div., occupe une semaine durant les côtes de la Manche et de la mer du Nord, d'Etaples à Gravelines, avec points forts à Calais et Boulogne-sur-Mer. Tant que la poche de Dunkerque ne sera pas résorbée, elle doit en principe prévenir toute tentative de débarquement ennemie sur un front de 100 kilomètres, tout en gardant les installations militairement importantes et les stocks de prises de guerre. Des renforts arrivent, sous le forme d'un bataillon de marche de 500 hommes.

Le 5 juin, le jour où l'offensive générale reprend sur la Somme et l'Aisne, le SS-Gruf. Eicke considère sa grande unité comme à nouveau opérationnelle. Relevée par la 254e division d'infanterie mais sans quitter le Pas-de-Calais, elle gagne le 6 la zone Fruges — Hesdin — Frévent — Houdain, avec PC à Bryas, au nord-est de Saint-Pol. Elle y séjourne jusqu'au 10 juin, rattachée au XXVIIIe corps d'armée du Generalleutnant von Brockdorff-Ahlefeldt. Puis elle gagne les environs de Péronne (Somme) où elle reste en réserve du groupe d'armées B jusqu'au 13.

Juin 1940 : une simple promenade militaire ?

Le 14 juin au soir, rattachée depuis la veille au Panzergruppe Kleist, la division rejoint le XIVe corps d'armée motorisé du General der Infanterie von Wietersheim, qui coiffe déjà les 9e et 10e Pz.-Div. Elle repart à son tour en avant, à vive allure, avec mission de couvrir les arrières du corps. Comme plus grand chose n'est à craindre, les messages radio seront dorénavant passés en clair.

La Marne est franchie à La Ferté-sous-Jouarre et Château-Thierry. A partir de là, la *SS-T-Division* est scindée en plusieurs *Kampfgruppen*. La Seine est atteinte le 15 juin entre Romilly et Nogent-sur-Seine. Les unités rencontrent fort peu de résistance, dégagent les carrefours. Le 16, ayant couvert 340 km en 36 heures, la division est sur l'Yonne et l'Armençon, entre Joigny et Laroche. Déjà, l'essence commence à manquer. En fin de soirée, l'avance peut néanmoins reprendre.

Le XIVe corps motorisé ordonne alors à la division d'éclairer la route. En effet, l'avance est rendue de plus en plus difficile par le flot des réfugiés, les quantités de véhicules abandonnés, les soldats français débandés qui, douloureux spectacle, se rendent par milliers : 4000 du 15 au 17 juin. L'avance est si rapide que le SS-Gruf. Eicke ordonne de laisser sur place toutes les prises, blindés compris.

Le 18 à l'aube, des éléments de la *SS-T-Division* sont déjà sur la Loire, entre Nevers et La Charité. Toute résistance organisée a maintenant cessé. Au soir, la demande d'armistice du maréchal Pétain étant maintenant officielle, le XIVe corps ordonne à ses unités de se regrouper en vue de pou-

In the morning of the 28th, the Division had to renew its efforts with two regiments and, moving at one and the same time towards Laventie in the east (SS-T-Inf.-Rgt 1) and Lestrem in the north (SS-T-Inf.-Rgt 2), form a bridgehead over the canal. If the first target was easily reached, the defense kept strong in the north and the attack hung fire near the canal at the begininng of the afternoon. The attack was resumed on the morning of May 29 and was more successful due to the fact that the British were starting to pull back. The bridgehead grew larger and Estaires was taken by SS-T-Inf.-Rgt. 1 (mot) at the end of the morning. Going over the head of Hoepner, General der Infanterie Hoth ordered Eicke to maintain contact with the retreating enemy as far as Bailleul, a town reached by *SS-T-Inf.-Rgt. 2 (mot)* at 16.00 hrs. At the same time, a link was established with troops from Army Group B that was pressing the remnants of the Franco-British forces into the pocket from the east. The Belgian army had ceased hostilities the previous day and British and French prisoners were now accumulating in the divisional sector. The XVI motorised corps then received a new order to halt the advance. The armoured and motorised units now had to rest and refit in provision for the second phase of the campaign. The job of finishing off the Dunkirk pocket would be left to horse drawn infantry divisions and the Luftwaffe. For the *SS-T-Division*, the first phase of the *Westfeldzug* was over.

On the evening of 30 May at Bailleul, SS-Gruf. Eicke was informed that the Division was to head towards the coast and refit. Indeed, between 19 and 29 May, the Division had lost 1,140 men killed, wounded or missing. Losses in vehicles and weaponry were also high: 46 trucks, several tanks of the reconnaissance battalion, 12 anti-tank guns and countless motorcycles, mortars, machine-guns etc. Having been used continuously, the vehicles were in need of a thorough refit.

Securing the Channel and North Sea coastline

The Division was attached to the XVI Armeekorps (mot.) until 2 June and the IV Army Corps commanded by General der Infanterie von Schwedler from 2 to 6 June, relieving the 13th Infantry-Division. The Division occupied during one week the coastline of the English Channel and the North Sea between Etaples and Gravelines, with strong points at Calais and Boulogne-sur-Mer. As long as the Dunkirk pocket remained, the Division was, in principal to guard against any enemy attempt to land along a front 100 kilometres in length, whilst guarding installations of military importance and the captured military materiel. Reinforcements arrived in the form of a march battalion of 500 men. On 5 June, the day on which the general offensive resumed on the Somme and the Aisne, SS-Gruf. Eicke considered that his Division was once more ready. Relieved by the 254th Infantry Division, but without leaving the Pas-de-Calais, it headed on 6th towards the Fruges-Hesdin-Frévent-Houdain zone, with its headquarters at Bryas, north-east of Saint-Pol. It remained there until 10 June, attached to the XXVIII Army Corps commanded by Generalleutnant von Brockdorff-Ahlefeldt. It then moved to the region of Péronne (Somme) where it remained in the reserve of Army Group B until the 13th.

June 1940 : a mere military stroll ?

In the evening of June 14, the Division, which had been attached to Panzergruppe Kleist since the previous day, joined the motorised XIV Army Corps commanded by General der Infanterie von Wietersheim, that was already responsible for the 9th and 10th Pz.-Div. When the time came to move off, it left at speed with the mission of covering the rear of the corps. As there was nothing much to worry about, radio messages were now sent in clear.

The river Marne was crossed at La Ferté-sous-Jouarre and Château-Thierry. From this point on, the *SS-T-Division* was split into several *Kampfgruppen*. The Seine was reached on June 15 between Romilly and Nogent-sur-Seine and the units came across little resistance clearing the crossroads. On the 16th, after having covered 340 km in 36 hours, the Division found itself on the rivers Yonne and Armançon, between Joigny and Laroche. Petrol supplies were starting to run low, but, by the end of the evening, the advance was able to continue.

The motorised XIV Corps then ordered the Division to lead the way. The advance was rendered difficult by the crowds of refugees, numerous abandoned vehicles and the sad sight of thousands of French soldiers, the remnants of scattered units, who surrendered in a body (4,000 between 15 and 17 June). The advance was so rapid that SS-Gruf. Eicke gave the order to leave all captured equipment, including armour, where they were. At daybreak on June 18, elements of the *SS-T-Division* had already reached the river Loire between Nevers and La Charité. All organised resistance had now ceased. In the evening, Maréchal Pétain's request for an armistice became official and the XIV

Brief Order of Battle of the *SS-Totenkopf-Division* in May-June 40

Divisional Staff (*Div. Kommando*)

- Kdr.	Div. Commander	***SS-Gruf.*** Theodor Eicke
- Ia	Operations	***SS-Ob.Fhr.*** Cassius Frh. von Montigny (ill, evacuated on May 27), then ***SS-Stubaf.*** Paul Geisler (acting from May 27 to June 5 at the same time as **Ib**),then ***SS-Brig.Fhr.*** Kurt Knoblauch (from June 5)
- Ib	Supplies	***SS-Stubaf.*** Paul Geisler
- Ic	Intelligence	***SS-Hstuf.*** Alfred Franke-Gricksch
- IIa	Chancellery	***SS-Hstuf.*** Paul-Werner Hoppe
- IIb	Personnel	***SS-Hstuf.*** Berger
- III	Military justice	***SS-Stubaf.*** Dr. Leo Ernst
- IVa	Commissariat	***SS-Ostubaf.*** Anton Kaindl
- IVb	Medical Service	***SS-Staf.*** Dr. Bruno Rothardt
- V	Motor Transport	***SS-Hstuf.*** Friedrich Schuster

SS-T-Infanterie-Rgt. 1 (mot)

- Kdr. Commander	***SS-Staf.*** Max Simon
- Ist battalion	***SS-Stubaf.*** Hellmuth Becker
- IInd battalion	***SS-Stubaf.*** Dr. Eduard Deisenhofer (wounded May 19 and evacuated), then ***SS-Hstuf.*** Lönholdt (acting)
- IIIrd battalion	***SS-Stubaf.*** Walter Bestmann

SS-T-Infanterie-Rgt. 2 (mot)

- Kdr.	***SS-Staf.*** Heinz Bertling
- Ier battailon	***SS-Stubaf.*** Fortenbacher
- IInd battalion	***SS-Stubaf.*** Schleifenbaum, then ***SS-Stubaf.*** Kumme (wounded May 27), then ***SS-Hstuf.*** Dallinger (acting)
- IIIrd battalion	***SS-Stubaf.*** Schultz

SS-T-Infanterie-Rgt. 3 (mot)

- Kdr.	***SS-Staf.*** Hans-Friedemann Goetze (killed May 27), then ***SS-Ob.Fhr.*** Erbprinz von Waldeck (acting from May 27 to June 2), then ***SS-Staf.*** Matthias Kleinheisterkamp (from June 3)
- Ist battalion	***SS-Stubaf.*** Walter Bellwidt
- IInd battalion	***SS-Stubaf.*** Petersen
- IIIrd battalion	***SS-Stubaf.*** Willi Dusenschön

SS-T-Artillerie-Rgt. (mot)

- Kdr.	***SS-Staf.*** Friedrich Allihn
- Ist battalion	***SS-Ostubaf.*** Kurt Brasack
- IInd battalion	***SS-Stubaf.*** Hermann Priess
- IIIrd battalion	***SS-Stubaf.*** Hans Sander
- schw. Artillerie-Abt. (mot) (motorised heavy artillery battalion)	***SS-Stubaf.*** Dr.Jur. Adolf Katz

SS-T-Aufklärungs-Abt. (mot) (motoriised reconnaissance battalion)
- Kdr. ***SS-Stubaf.*** Heimo Hierthes

SS-T-Panzerjäger-Abt. (mot) (motorised anti-tank battalion)
- Kdr. ***SS-Stubaf.*** Karl Leiner

SS-T-Pionier-Btl. (mot) (motorised engineer battalion)
- Kdr. ***SS-Stubaf.*** Dipl.Ing. Heinz Lammerding

SS-T-Nachrichten-Abt. (mot) (motorised signals battalion)
- Kdr. **SS-Stubaf.** Richard Sansoni

SS-T-Nachschubdienste (mot) (motorised supply services)
- Kdr. ***SS-Staf.*** Erich Tschimpke

SS-T-Verwaltungsdienste (mot) (motorised administrative services)
- Kdr. ***SS-Hstuf.*** Hans Ulmer

SS-T-Sanitätsdienste (mot) (motorised medical services)
- Kdr. ***SS-Staf.*** Dr. Bruno Rothard

Organigramme succinct de la *SS-Totenkopf-Division* en mai-juin 1940

Etat-major divisionnaire (*Div. Kommando*)

- Kdr.	Cdt. de division	***SS-Gruf.*** Theodor Eicke
- Ia	Opérations	***SS-Ob.Fhr.*** Cassius Frh. von Montigny (malade, évacué le 27 mai), puis ***SS-Stubaf.*** Paul Geisler (p.i. du 27mai au 5 juin, en même temps que **Ib**),puis ***SS-Brig.Fhr.*** Kurt Knoblauch (à dater du 5 juin)
- Ib	Ravitaillement	***SS-Stubaf.*** Paul Geisler
- Ic	Renseignements	***SS-Hstuf.*** Alfred Franke-Gricksch
- IIa	Chancellerie	***SS-Hstuf.*** Paul-Werner Hoppe
- IIb	Personnel	***SS-Hstuf.*** Berger
- III	Justice militaire	***SS-Stubaf.*** Dr. Leo Ernst
- IVa	Intendance	***SS-Ostubaf.*** Anton Kaindl
- IVb	Service de santé	***SS-Staf.*** Dr. Bruno Rothardt
- V	Transports	***SS-Hstuf.*** Friedrich Schuster

SS-T-Infanterie-Rgt. 1 (mot)

- Kdr. Chef de corps	***SS-Staf.*** Max Simon
- Ier bataillon	***SS-Stubaf.*** Hellmuth Becker
- IIe bataillon	***SS-Stubaf.*** Dr. Eduard Deisenhofer (blessé le 19 mai et évacué), puis ***SS-Hstuf.*** Lönholdt (p.i.)
- IIIe bataillon	***SS-Stubaf.*** Walter Bestmann

SS-T-Infanterie-Rgt. 2 (mot)

- Kdr.	***SS-Staf.*** Heinz Bertling
- Ier bataillon	***SS-Stubaf.*** Fortenbacher
- IIe bataillon	***SS-Stubaf.*** Schleifenbaum, puis ***SS-Stubaf.*** Kumme (blessé le 27 mai), puis ***SS-Hstuf.*** Dallinger (p.i.)
- IIIe bataillon	***SS-Stubaf.*** Schultz

SS-T-Infanterie-Rgt. 3 (mot)

- Kdr.	***SS-Staf.*** Hans-Friedemann Goetze (tué le 27.5.), puis ***SS-Ob.Fhr.*** Erbprinz von Waldeck (p.i. du 27 mai au 2 juin), puis ***SS-Staf.*** Matthias Kleinheisterkamp (à dater du 3 juin)
- Ier bataillon	***SS-Stubaf.*** Walter Bellwidt
- IIe bataillon	***SS-Stubaf.*** Petersen
- IIIe bataillon	***SS-Stubaf.*** Willi Dusenschön

SS-T-Artillerie-Rgt. (mot)

- Kdr.	***SS-Staf.*** Friedrich Allihn
- Ier groupe	***SS-Ostubaf.*** Kurt Brasack
- IIe groupe	***SS-Stubaf.*** Hermann Priess
- IIIe groupe	***SS-Stubaf.*** Hans Sander
- schw. Artillerie-Abt. (mot) (groupe d'art. lourde mot.)	***SS-Stubaf.*** Dr.Jur. Adolf Katz

SS-T-Aufklärungs-Abt. (mot) (groupe de reconnaissance motorisé)
- Kdr. ***SS-Stubaf.*** Heimo Hierthes

SS-T-Panzerjäger-Abt. (mot) (bataillon antichar motorisé)
- Kdr. ***SS-Stubaf.*** Karl Leiner

SS-T-Pionier-Btl. (mot) (bataillon du génie motorisé)
- Kdr. ***SS-Stubaf.*** Dipl.Ing. Heinz Lammerding

SS-T-Nachrichten-Abt. (mot) (bataillon des transmissions motorisé)
- Kdr. ***SS-Stubaf.*** Richard Sansoni

SS-T-Nachschubdienste (mot) (services du train automobile)
- Kdr. ***SS-Staf.*** Erich Tschimpke

SS-T-Verwaltungsdienste (mot) (services de l'intendance motorisés)
- Kdr. ***SS-Hstuf.*** Hans Ulmer

SS-T-Sanitätsdienste (mot) (services de santé motorisés)
- Kdr. ***SS-Staf.*** Dr. Bruno Rothard

voir rouler soit vers le sud, soit vers le sud-ouest. Finalement, intercalée entre les 9e et 10e Pz.-Div., la division reçoit mission d'occuper les ponts sur la Loire à Marcigny, Iguerande et Pouilly-sous-Charlieu. Les *SS-T-Inf.-Rgt. 1* et *3* renforcés doivent poursuivre plus avant et le groupe de reconnaissance reconnaît le terrain entre Loire et Saône, jusqu'à la ligne La Clayette – Charlieu – Tarare – Villefranche-sur-Saône.

Les 19 et 20 juin, à L'Arbresle et Lentilly, au nord-ouest de Lyon, alors que depuis son départ de Péronne la division n'a guère rencontré d'opposition sérieuse, des éléments du SS-T-Inf.-Rgt. 1 (mot), appuyés d'une batterie d'artillerie, se heurtent soudainement à une poignée de tirailleurs sénégalais du 25e RTS bien encadrés et renforcés d'armes lourdes, qui livrent presque pour l'honneur un dernier et farouche combat. Les *SS-Männer* en ont-ils abattu après leur reddition ? Le même jour, des patrouilles du groupe de reconnaissance capturent encore 1 300 prisonniers à Larajasse et Saint-Sorlin. Du 17 au 19, la division en a déjà fait plus de 6 000, au prix de 5 tués et 13 blessés. C'est maintenant vraiment la fin de la campagne.

Dès lors, la division doit dans un premier temps rejoindre le XIVe corps d'armée à Orléans. Celui-ci doit ensuite aller occuper le 27 juin la région située entre Bordeaux, la nouvelle ligne de démarcation et la frontière espagnole, la *SS-T-Division* prenant le secteur nord, la *SS-V-Division* le secteur sud. Le 30 juin, le SS-Gruf. Eicke installe son nouveau PC à Hostens, à une trentaine de kilomètres au sud de Bordeaux. La nouvelle mission de la division consiste à contrôler les routes, à patrouiller...

Au 3 juillet 1940, l'effectif réalisé est de quelque 21 000 hommes. Parmi eux se trouvent pas moins de 13 246 réservistes de l'*Allgemeine SS*, dont 6 000, vraiment trop âgés, vont être bientôt démobilisés. Transportée à la mi-juillet dans la région d'Avallon (Yonne) pour assurer la sûreté de la ligne de démarcation, elle sera ramenée dans le Sud-Ouest à la fin d'août, installant son PC à Dax (Landes). Elle ne quittera la France qu'en mai 1941.

La campagne de mai-juin a prouvé que d'un strict point de vue militaire, malgré ses handicaps initiaux, la *SS-T-Division* pouvait être considérée comme une formation de valeur. Si elles ont à l'occasion fait montre d'une insupportable brutalité à l'égard des civils et des prisonniers, les troupes n'ont manqué ni de courage, ni de souplesse. Mais son image allait pour longtemps être ternie par son recrutement d'origine et ce qui en découlait.

D'indispensables commentaires et précisions

Le présent ouvrage faisait suite à l'album de photos du correspondant de guerre SS Friedrich Zschäckel, *Waffen-SS im Westen*, publié l'année précédente par la *Zentralverlag der NSDAP* et consacré à la *SS-Verfügungs-Division*, la future division « Das Reich », elle aussi engagée à l'Ouest en 1940. Il se compose de superbes photos, toutefois quasi démunies de légendes.

Quoique sensiblement plus fournis, les textes et légendes accompagnant les clichés de ce livre *Damals* sont nécessairement fort peu précis du fait qu'ils s'adressent à un public guère soucieux du détail militaire, voire de la rigueur historique. D'ailleurs, répondant à des nécessités de propagande, ils comportent souvent des erreurs, des oublis ou des outrances. Accessoirement, le choix des images révèle encore trop une approche déplorable du document photographique, non considéré comme un document en soi, mais comme la simple illustration d'un propos, sans se soucier du lieu et de la date auxquels il a été pris, ni même de ce qu'il représente vraiment. Une manière de voir qui est loin d'avoir disparu, hélas ! Avouons-le, nombre d'albums, livres ou brochures magnifiant les armées française et alliées publiés à partir de 1943-1944 souffrent des mêmes carences, finalement inhérentes au genre. Il nous a semblé utile, indispensable même, de les pallier en allant au delà d'un simple fac-similé. Nos remarques et annotations figurent ici en fin d'ouvrage, avec les n° de pages correspondantes, en même temps qu'une biographie de Theodor Eicke, figure hors norme, indissociable de l'histoire de son unité.

Eric LEFÈVRE

---

1. La Waffen-SS, *p. 753.*
2. *En France, les classes 1941-1942.*
3. *Quelles unités des SS-TV ont pris part à la campagne de Pologne reste assez malaisé à déterminer. Peut-être fût-ce seulement le cas de la* SS-T-Standarte 2 *« Brandenburg » ?*
4. *Classes réunissant les conscrits nés entre 1901 et 1913, non astreints au service militaire du fait des clauses du traité de Versailles. Après 1935, ils reçoivent une instruction accélérées dans les unités dites « de complément » (Ergänzungseinheiten) des corps actifs de la Heer, par tranches successives.*
5. *Voir* Militaria-Magazine *nos 98 et 106.*

Corps ordered its units to regroup in order to drive towards either the south, or south-east. The Division was finally placed between the 9th and 10th Pz.-Div., then ordered to occupy the bridges over the Loire at Marcigny, Iguerande and Pouilly-sous-Charlieu. The strengthened *SS-T-Inf.-Rgt. 1* and *3* were to push on further with the reconnaissance battalion probing the region situated between the Loire and the Saône as far as the line La Clayette-Charlieu-Tarare-Villefranche-sur-Saône.

On June 19 and 20, at L'Arbresle and Lentilly, north-east of Lyon, the Division, which had hardly encountered any serious opposition since it had left Péronne, found elements of its SS-T-Inf.-Rgt. 1 (mot), supported by an artillery battery, suddenly confronted by a handful of 'tirailleurs sénégalais' of the 25th RTS. The latter were well led and reinforced with heavy weapons and prepared to, for honour's sake, to fight a last, ferocious battle. Is it possible that the SS soldiers killed some of these men after they had surrendered ? The same day saw the reconnaissance battalion capture a further 1,300 men at Larajasse and Saint-Sorlin. Between June 17 and 19, the Division had captured over 6,000 men at a cost of 5 men killed and 13 wounded. The campaign was finally over. At this point in time, the Division was to first rejoin the XIV Army Corps at Orleans. The corps was to then occupy on June 27, the region situated between Bordeaux, the new demarcation line and the Spanish border, with the *SS-T-Division* in the northern sector and the *SS-V-Division* in the southern. On June 30, SS-Gruf. Eicke set up his headquarters at Hostens, thirty kilometres south of Bordeaux. The Division's new role was one of controlling roads and patrolling. By July 3, the Division had some 21,000 men. Amongst them were no less than 13,246 *Allgemeine SS* reservists, of whom 6,000 were really too old for military service and who would soon be demobbed. In mid-July, the Division was transported to the area of Avallon in the Yonne in order to police the demarcation line. At the end of August, it was brought back to the South-East where it set up its headquarters at Dax in the Landes. It remained in France until May 1941.

The campaign of May-June proved from a strictly military viewpoint, that despite its initial handicaps, the *SS-T-Division* could be considered as being one of worth. Although they had at times shown an intolerable brutality towards civilians and prisoners, the troops had not lacked courage and flexibility. However, its image would remain tarnished for some time to come due to its original source of recruitment and all that followed.

Indispensable comments and details

The present publication came after the album of photos by the SS war correspondent Friedrich Zschäckel, *Waffen-SS im Westen*, published the previous year by the *Zentralverlag der NSDAP* on the *SS-Verfügungs-Division*, the future 'Das Reich' Division, that also took part in the campaign in the West of 1940. It is made up of superb photos, but they are almost entirely devoid of captions.

Although they are slightly more detailed, the texts and captions accompanying the photos of this *Damals* are necessarily imprecise due to the fact that they are aimed at a public hardly interested in military detail, or even historical accuracy. Indeed, they fulfil a propaganda role and there are often mistakes, details left out or downright invention.

Incidentally, the choice of photos reveals a deplorable approach to the photographic document, not considered as a document in its own right, but as a straightforward illustration to a text, without any consideration for the place and date on which it was taken, nor what it really shows. This is a way of looking at things that sadly, has not disappeared ! It should also be said that numerous albums, books or brochures portraying the French and allied armies published from 1943-44 onwards, suffer from the same deficiencies that are finally inherent to this type of publication.

It seemed to us to be useful, indispensable even, to correct these mistakes beyond a simple facsimile. Our remarks and annotations are shown at the end of the book, along with the corresponding page numbers, as well as a biography of Theodor Eicke, a larger than life character, whose own story is linked to that of his Division.

Eric LEFÈVRE

---

1. La Waffen-SS, *page 753.*
2. *In France, the year groups of 1941-1942.*
3. *The SS-TV that took part in the Polish campaign remain difficult to identify. Perhaps the only such unit being the* SS-T-Standarte 2 'Brandenburg' ?
4. *Year groups made up of conscripts born between 1901 and 1913, who were exempt from military service due to the clauses of the Treaty of Versailles. After 1935, each year in succession received a fast track military training in 'expansion units'* (Ergänzungseinheiten) *of the active Army units.*
5. *See* Militaria-Magazine *numbers 98 and 106.*

DAMALS
Souvenirs des journées marquantes vécues par la SS-Totenkopf-Division lors de la campagne de France de 1940

Damals, en ce temps-là. Ainsi ce livre de photos de guerre est-il intitulé. Constitué de photos prises par des hommes des *Waffen-SS*, conçu et rédigé par eux, il exauce le souhait formulé depuis longtemps par tous nos camarades des SS, leurs familles et d'innombrables autres compatriotes, de donner une vision plus complète de la plus jeune composante de la *Wehrmacht* dans la campagne de l'Ouest, à la fois pour montrer ce qu'elle a vécu et justifier sa réputation.

Ce sont des photos laissant une impression sans pareil, à mettre au nombre des documents qui illustrent l'immense triomphe de 1940. Les *Waffen-SS* ont pris une part héroïque aux combats livrés pour la gloire des armes allemandes, aussi cette évocation des journées marquantes de la chronique de la *SS-Totenkopf-Division* veut-elle rappeler leur bravoure et constituer le mémorial de tous nos camarades restés sur les champs de bataille de France.

Ce fut une campagne courte, violente, dramatique. Entre ses points culminants, les batailles d'anéantissement et de rupture, les assauts et les combats de poursuite, resplendissent ces photos de la vie du soldat, qui témoignent de ce que le travail des correspondants de guerre représente. En partageant les exploits et les sacrifices des troupes combattantes, la *Propaganda-Kompanie* travaille avec les armes de la vérité. L'événement est enregistré et fixé ici avec le petit appareil photographique aussi bien que dans les actualités filmées allemandes, et le reporter photographe, accompagnant aujourd'hui tel corps de troupes, demain tel autre, mais toujours au milieu de camarades, partage la tension mentale du soldat dans le grondement de la bataille comme au bivouac et au poste de secours. Ici, tout près, s'avancent des patrouilles, là des fusiliers-voltigeurs se tiennent prêts à attaquer allongés dans leurs trous, là-bas une tête de pont est conquise de haute lutte ; les mortiers lourds, les artilleurs, les sapeurs des SS, les antichars, tous ne sont qu'un rouage du vaste mécanisme d'horlogerie de la division rapide.

Grâce à cet album de photos, les correspondants de guerre ont une fois encore relié le front et la patrie, car la patrie veut pouvoir compter sur la lutte héroïque des meilleurs de ses fils, prendre part au sort du front, être fière de leurs victoires et s'enflammer, parce tout tourne autour de ce qui s'appelle l'Allemagne. Mais à travers cette succession de photos, ce *Damals* fait aussi renaître les cœurs de cette division, dont les hommes se sont entre-temps endurcis plus encore, la torche de la guerre ayant maintenant mis le feu au monde entier. Seul des lendemains nés de l'esprit de sacrifice peuvent apporter la victoire. Ainsi ce livre de guerre sur la *SS-Totenkopf-Division* touche-t-il le cœur de chaque soldat, évoque-t-il la volonté de combattre, la force et la foi de la patrie laborieuse. Puisse ce livre du courage prendre tout son sens, garder pour toujours le souvenir des héros morts et inciter la jeunesse de notre peuple à la vaillance.

DAMALS
Recollections of key moments of the SS-Totenkopf-Division during the French campaign of 1940

Damals, back in the days... Such is the title of this book of war photographs. Consisting of photographs taken by the men of the Waffen-SS, designed and published by them, this book fulfils the long standing wish of all of our SS comrades, their families and countless other compatriots, of portraying a more complete image of the newest component of the Wehrmacht during the campaign in the West in order to show both what it experienced and justify its reputation.

These photographs leave an unrivalled impression and take place alongside the documents that illustrate the huge triumph of 1940. The Waffen-SS played a heroic role in the fighting undertaken for the glory of German arms and this recalling of the most vivid days of the SS-Totenkopf-Division is a reminder of their courage and forms a memorial to all of our comrades who fell on the battlefields of France.

It was a short, violent and dramatic campaign. Between its high points, the battles of annihilation and breakthrough, the attacks and pursuits, shine these photographs portraying the life of the soldier, bearing witness to the work of the war correspondents. By sharing the exploits and sacrifices of the fighting forces, the Propaganda-Kompanie works with the weapons of truth. Events are recorded and shown here using the small camera as well as they are in the German newsreels. The photographer, accompanying one unit today, another tomorrow, but always with comrades, shares the soldiers' mental stress in the noise of battle as well as in the bivouac and the dressing station. Here, close by, patrols advance, riflemen lay in their foxholes and await the order to attack, over there a bridgehead is established after a hard fight; heavy mortars, artillerymen, SS engineers, anti-tank guns, all these are simply cogs in the huge precision machinery that is the rapid division.

Thanks to this photograph album, the war correspondents have once again linked the frontline to the homeland as the latter wants to be able to rely on the heroic struggle of its best sons, to participate in the fate of the front, be proud and ardent of their victories because everything turns around what is called Germany. However, with this collection of photographs, this *Damals* wishes to resurrect the hearts of this division, of which the men have in the meantime become harder still, the torch of war now having spread its flame to the whole world.

Only the tomorrows born of the spirit of sacrifice can bring victory. Thus, this book of war on the SS-Totenkopf-Division touches the heart of each soldier. It evokes the will to fight, the strength and faith of the hard-working homeland. May his book of courage assume its full meaning, keep for always the memory of dead heroes and incite our youth to bravery.

ᴐNDERDRUCK DER ᛋᛋ TOTENKOPF-DIVISION

IRAGE À PART
•E LA SS-TOTENKOPF-DIVISION

ᴐFFPRINTING
•F THE SS-TOTENKOPF-DIVISION

DAMALS

ERINNERUNGEN

AN GROSSE TAGE DER ᛋᛋ TOTENKOPF-DIVISION

IM FRANZÖSISCHEN FELDZUG

1 9 4 0

Damals . . . so ist dieses Kriegs-Bilderbuch benannt, das – von Männern der Waffen-ᛋᛋ photographiert, betextet und gestaltet – allen Kameraden der Schutzstaffel, ihren Angehörigen und ungezählten anderen Volksgenossen einen lange gehegten Wunsch erfüllt, einmal tieferen Einblick zu geben in Erlebnis und Bewährung des jüngsten Wehrmachtsteils im Westfeldzug.

Es sind Aufnahmen von einzigartiger Wirkung, die zu den Dokumenten des gewaltigen Triumphes im Jahre 1940 gehören. Die Waffen-ᛋᛋ hat in heldenhaftem Einsatz für die Glorie der deutschen Waffen mitgekämpft, und so wollen auch diese Erinnerungen an jene großen Tage der ᛋᛋ-Totenkopf-Division Chronik sein ihrer Tapferen und ein Mahnmal für alle die Kameraden, die auf den Schlachtfeldern Frankreichs blieben.

Ein kurzer, heftiger, dramatischer Feldzug ist es gewesen. Zwischen seinen Höhepunkten, den Vernichtungs- und Durchbruchsschlachten, den Stürmen und Verfolgungskämpfen leuchten diese soldatischen Bilder auf, die Zeugnis dafür ablegen, was PK-Arbeit bedeutet Mit der Waffe der Wahrheit kämpft die Propaganda-Kompanie, indem sie Taten und Opfer der fechtenden Truppe begleitet. Wie in der Deutschen Film-Wochenschau wird auch mit der Kleinkamera hier das Geschehen erfaßt und gebannt, der Bildberichter ist mit der seelischen Spannung des Soldaten dabei, heute bei dieser, morgen bei jener Truppengattung, im Donner der Schlacht wie im Biwak und auf dem Verbandsplatz, immer aber inmitten der Kameraden. Da tasten sich Spähtrupps heran, hier liegen Schützen angriffsbereit in den Erdlöchern, dort wird ein Brückenkopf erkämpft; schwere Granatwerfer, Artilleristen, ᛋᛋ-Pioniere, Pak, jede Truppe ist ein Rädchen nur im großen Uhrwerk der schnellen Division.

Mit diesem Bildband haben Kriegsberichter wieder einmal Front und Heimat verbunden, denn die Heimat will des heldenmütigen Ringens ihrer besten Söhne gewärtig sein, will teilhaben am Schicksal der Front, stolz sein auf ihre Siege und angefeuert werden, weil es um alles geht, was Deutschland heißt. Das „Damals“ wird durch diese Bildfolge aber auch in den Herzen dieser Division wieder geweckt, ihre Männer sind inzwischen noch härter geworden, die Brandfackel des Krieges hat heute einen Weltbrand entzündet. Allein das Morgen muß den Sieg bringen, der aus dem Geist des Opfers geboren wird. So greift dies Kriegsbuch der ᛋᛋ-Totenkopf-Division an jedes Soldatenherz und beschwört den Einsatzwillen, die Kraft und den Glauben der schaffenden Heimat. Möge das Buch der Tapferen seinen Sinn erfüllen, immer der toten Helden zu gedenken und die Jugend unseres Volkes zum Tapfersein aufzurufen.

DAMALS

ERINNERUNGEN

AN GROSSE TAGE DER ϟϟ TOTENKOPF-DIVISION

IM FRANZÖSISCHEN FELDZUG

1 9 4 0

DAMALS
SOUVENIRS
DES JOURNÉES MARQUANTES VÉCUES
PAR LA SS-TOTENKOPF-DIVISION
LORS DE LA CAMPAGNE
DE FRANCE DE 1940

DAMALS
RECOLLECTIONS
OF KEY MOMENTS
OF THE SS-TOTENKOPF-DIVISION
DURING THE FRENCH
CAMPAIGN OF 1940

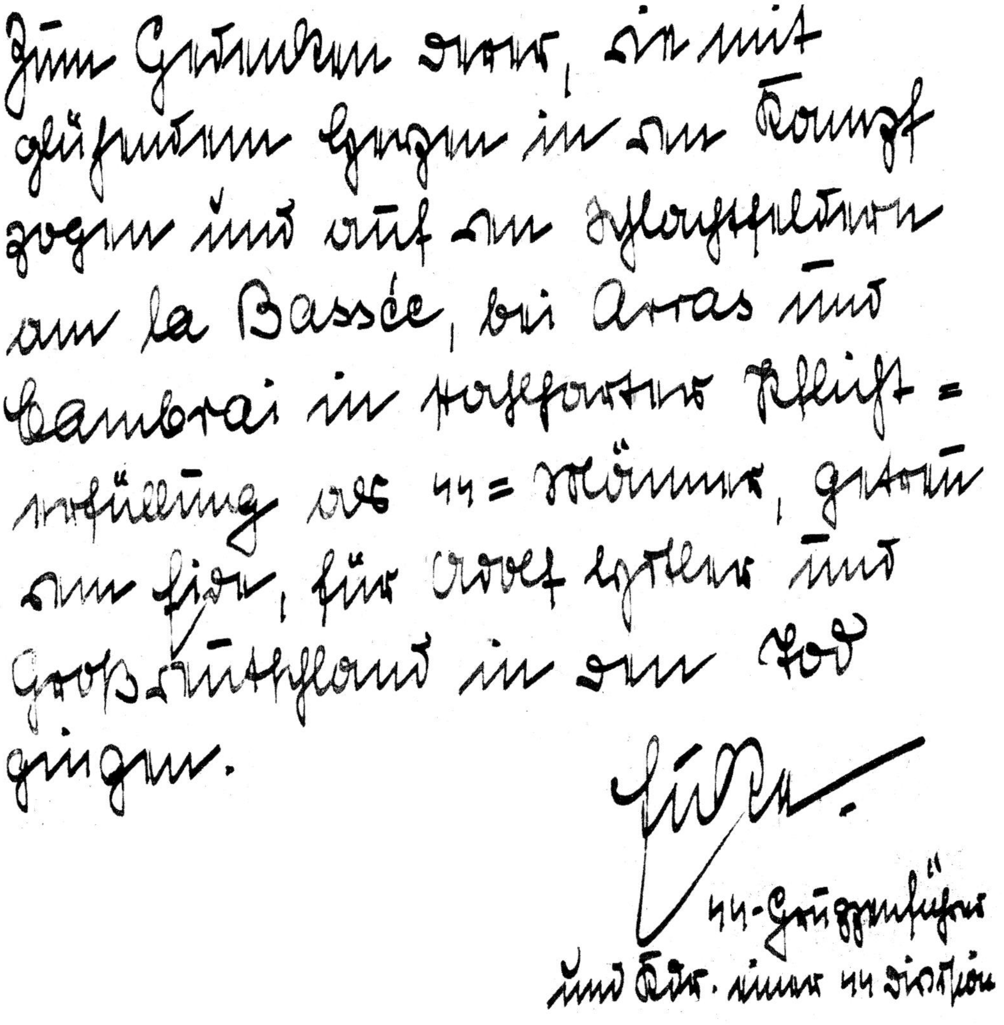

Zum Gedenken derer, die mit
glühendem Herzen in den Kampf
zogen und auf den Schlachtfeldern
am La Bassée, bei Arras und
Cambrai in stahlharter Pflicht=
erfüllung der SS=Männer, getreu
dem Eide, für Adolf Hitler und
Großdeutschland in den Tod
gingen.

Eicke.

SS-Gruppenführer
und Kdr. einer SS Division

Zum Gedenken derer, die mit gluhendem Herzen in den Kampf zogen und auf den Schlachtfeldern am La Bassée, bei Arras und Cambrai in stahlharter Pflichterfüllung als SS-Männer, getreu dem Eide, für Adolf Hitler und Großdeutschland in den Tod gingen.

Eicke

SS-Gruppenführer und Kdr. einer SS Division

A la mémoire de ceux qui, d'un cœur ardent, ont marché au combat et, sur les champs de bataille de La Bassée, d'Arras et de Cambrai, durs comme l'acier dans l'accomplissement de leur devoir de SS, allèrent à la mort pour Adolf Hitler et la Grande Allemagne, fidèles à leur serment.

Eicke

SS-Gruppenführer, commandant d'une division SS

To the memory of those who, with ardent hearts, marched into combat and who, on the battlefields of La Bassée, Arras and Cambrai, hard as steel in the fulfilment of their duty as SS men, went to their deaths for Adolf Hitler and the Greater Germany, loyal to their oath.

Eicke

SS-Gruppenführer, commander of an SS division.

ϟϟ-Gruppenführer EICKE, Divisionskommandeur der ϟϟ-Totenkopf-Division, auf dem Wege zur Front

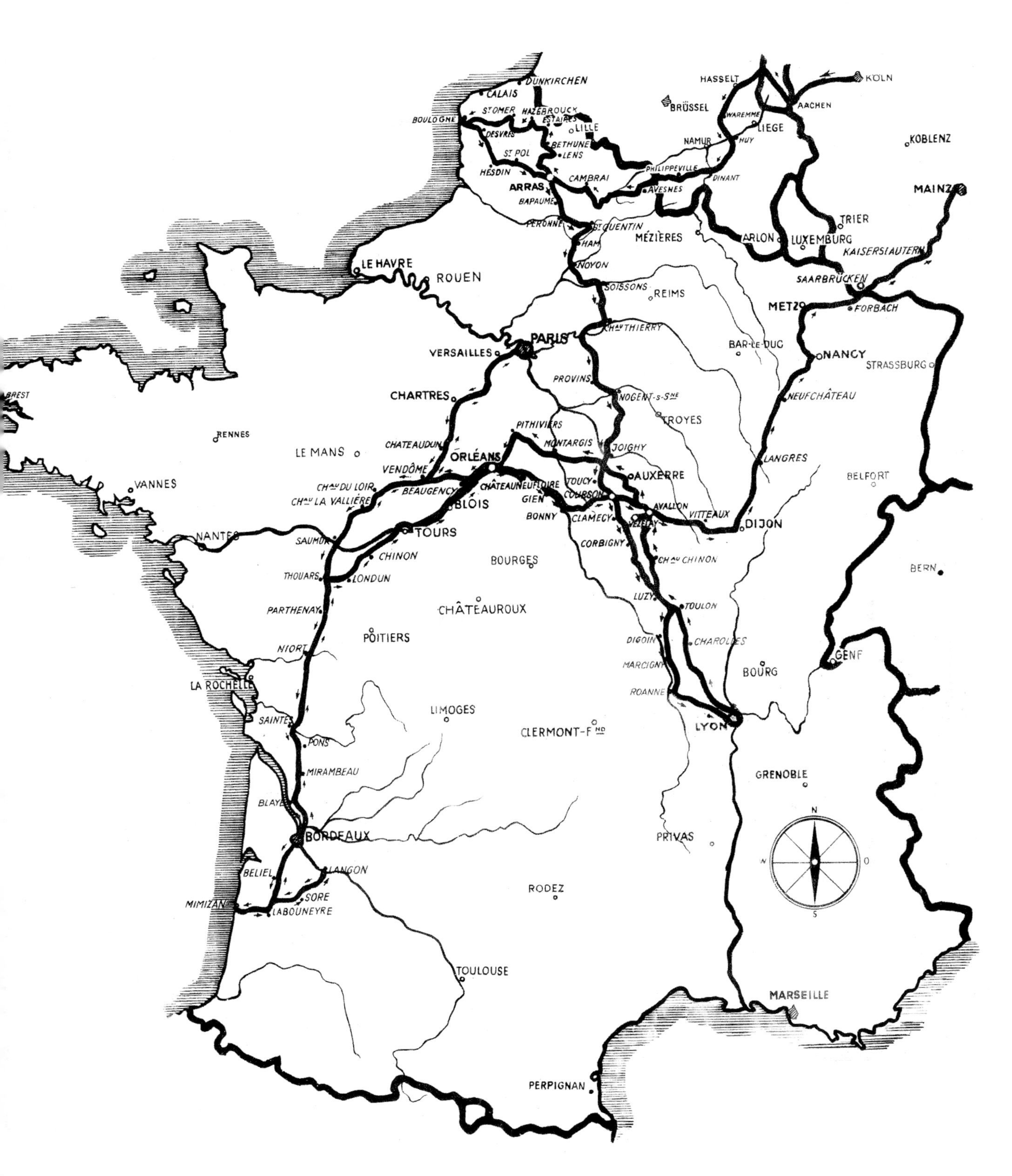

UNSER WEG,
der die SS-Totenkopf-Division bei ihrem Einsatz im Westen kreuz und quer durch Frankreich führte

NOTRE ITINÉRAIRE
L'itinéraire dispersé que la SS-Totenkopf-Division suivit à travers la France lors de la campagne de l'Ouest.

OUR ROUTE
The dispersed route of the SS-Totenkopf-Division in France during the campaign in the West.

◀

Le *SS-Gruppenführer Eicke*, commandant la *SS-Totenkopf-Division*, en route vers le front.

SS-Gruppenführer Eicke, commander of the SS-Totenkopf-Division, heading towards the frontline.

(Voir annotations et commentaires en page 129)
(See remarks and annotations on page 129)

Eine breite weiße Staubfahne verwehte seitlich der Vormarschstraßen, auf denen unsere Regimenter immer weiter nach Westen vorstieße
Fahrzeug folgte hinter Fahrzeug, Kolonne auf Kolonne, im endlosen Band rollten wir immer weiter nach Frankreich hinein

Une large bannière de poussière blanche masquait les abords des routes d'approche par lesquelles nos régiments poussaient toujours plus profondément vers l'Ouest. Véhicule après véhicule, colonne après colonne, en un cordon interminable, nous roulions toujours plus loin à travers la France.

A wide ribbon of white dust covered the approach roads that were used by our regiments to push ever deeper into the West.
Vehicle after vehicle, column after column, in a never ending line, we drove further still into France.

(Voir annotations et commentaires en page 129. See remarks and annotations on page 129)

MARCHE À L'ENNEMI

Comme une lance gigantesque, les chars allemands et les rapides divisions motorisées percèrent le front ennemi. Poussant fougueusement vers l'avant, ils s'enfoncèrent toujours plus profondément vers l'ouest, dans le dos des Néerlandais, des Belges, des Français et des Anglais, pour couper la route du Sud aux armées ennemies du Nord.
Moteurs grondants, toute résistance étant brisée, la *SS-Totenkopf-Division*, empruntant une étroite bande routière, roula irrésistiblement en terre ennemie jusqu'au sud d'Arras. Quand l'adversaire sembla enfin se rendre compte de sa situation, il était déjà trop tard. Rien ne pouvait plus arrêter notre fougueuse avance. La dernière carte de l'ennemi, son dernier atout, consista à tenter de percer avec ses blindés à Arras, mais cette tentative fut brisée par la résistance héroïque des hommes à la tête de mort. Ce fut alors, pour notre division, le temps des armes lourdes. Formant un cercle d'acier, nos canons antichars, nos obusiers de campagne et nos sapeurs anéantirent le dernier espoir de l'ennemi[1].

1. *Voir commentaires en page 129.*

ADVANCING TO CONTACT

Like a gigantic spear, the German tanks and rapid motorised divisions broke through the enemy front. In a headlong advance, they pushed ever deeper towards the west, behind the backs of the Dutch, Belgians, French and British, cutting off the southern routes from the enemy armies of the north. With engines throbbing, all resistance broken, the *SS-Totenkopf-Division*, using a narrow highway, pushed irresistibly into enemy territory as far as the south of Arras. When the enemy finally appeared to have realised the situation, it was already much too late. Nothing could halt our headlong advance. The last card played by the enemy, his last chance, consisted of attempting an armoured breakthrough at Arras, but this attempt was smashed by the heroic resistance of the death's head men. Forming a circle of steel, our anti-tank guns, field howitzers and engineers annihilated the enemy's final hopes [1]

1. *See information on page 129*

VORMARSCH

Gleich einem riesigen Speer durchbrachen deutsche Panzer und schnelle motorisierte Divisionen die Front der Gegner. Im ungestümen Vorwärtsdrängen stießen sie im Rücken der Holländer, Belgier, Franzosen und Engländer immer weiter nach Westen durch, um die feindlichen Nordarmeen nach Süden hin abzuschneiden.

Mit brummenden Motoren, jeden Widerstand zerbrechend, rollte die ϟϟ-Totenkopf-Division unaufhaltsam auf schmalem Straßenband südlich von Arras durch feindliches Land. Als die Gegner endlich ihre Lage zu erkennen schienen, war es bereits zu spät. Nichts konnte unseren stürmischen Vormarsch mehr aufhalten. Die letzte Karte im Spiele der Gegner, der letzte Trumpf, der Panzerdurchbruchversuch bei Arras, zerschellte am heldenmütigen Widerstand der Totenköpfe. Das waren damals «die Tage» der schweren Waffen unserer Division. Am stählernen Ring, den Paks, Geschütze und Pioniere der ϟϟ-Totenkopf-Division bildeten, zerbrach die letzte Hoffnung der Gegner.

ARRAS

Die erste große Entscheidung auf dem Wege des Sieges der Totenkopf-Division war gefallen. Weiter stürmten die Sieger gen Westen, das Ziel war das Meer – der Kanal im Norden, um den zu erreichen im Weltkrieg damals so bitter schwer und so vergeblich gerungen wurde. Altes Kampfgelände, wo tausende und abertausende tapfere deutsche Soldaten ihr Leben hingaben, wurde im rollenden Einsatz einfach überfahren. Wie ein Wirbelsturm fegten wir über Flanderns blutgetränkte Erde, bis unsere Division den Tommy endlich einmal stellen konnte. – Am Kanal von La Bassée! Endlich! «Arras» und «La Bassée-Kanal», das sind die Marksteine unserer Division geworden. Mit diesen beiden Namen verbindet sich wohl das stärkste Erinnern an die Zeit unseres siegreichen Ringens im Westen 1940.

ARRAS

Un premier grand verdict était rendu, d'où il résultait que la *SS-Totenkopf-Division* s'engageait sur la route de la victoire. Les vainqueurs continuèrent de foncer vers l'ouest, avec comme objectif la mer – la Manche, au nord – que l'on avait vainement tenté d'atteindre lors de la Grande Guerre au cours d'une lutte si amèrement dure. Ces vieux champs de bataille où des milliers et des milliers de braves soldats allemands avaient donné leur vie furent traversés avec facilité, en vagues successives. Tels un cyclone, nous sommes passés sur cette terre de Flandre[1] gorgée de sang, jusqu'à ce que notre division puisse enfin accrocher le Tommy, sur le canal de La Bassée. Enfin! Arras et le canal de La Bassée, ce sont les grandes étapes de notre division. A ces deux noms se rattachent les plus intenses souvenirs de notre victorieuse campagne de 1940 à l'Ouest.

1. *L'Artois, en fait. (NdT)*

ARRAS

A first great verdict was delivered that resulted in the *SS-Totenkopf-Division* being propelled on the road to victory. The victors continued to speed towards the west, the objective being the sea, the English Channel to the north, something that we had tried to reach in vain during the Great War in the course of a bitterly hard struggle. These old battlefields where thousands and thousands of brave German soldiers had laid down their lives were crossed easily in successive waves. Like a cyclone we passed over this blood soaked land of Flanders [1] until our division was able to finally catch the Tommy at the La Bassée canal. At last! Arras and the La Bassée canal were the highpoints for our division. The most intense recollections of our victorious campaign of 1940 are attached to these two names.

1. *This was in fact the Artois region. (NdT)*

Was so ein LKW. in seinen vier Wänden an Männern einschließt, das hält zusammen wie Pech und Schwefel. Der LKW. ist ihre Bude, ih Laden, und wehe dem Feinde, wenn die Männer kampfentschlossen mit behendem Sprung über die Wände setzen, dann kann der Gegne erleben, was in solch einer zusammengeschweißten Gruppe von Männern drinsteckt. Auf Tod und Leben sind sie miteinander verschworer

Ce qu'un camion contient d'hommes dans sa caisse constitue un tout indissociable. Le camion est leur chambrée, leur boutique, et quand, résolus à combattre, ils enjambent prestement ses ridelles, malheur à l'ennemi, qui réalise alors comment un tel groupe d'hommes si étroitement soudés, liés à la vie à la mort, peut l'enfoncer.

A truckload of men becomes an indissociable whole.The truck is their barrack-room, their shop and, when decided to fight, they nimbly jump over its sides ; it is bad news for the enemy who will then realise how he can be smashed by such a group of closely-knit men, linked by life and death.

(Voir annotations et commentaires en page 129
(See remarks and annotations on page 129

An der belgisch-französischen Grenze, da waren die Fronten der Bunker und Feldstellungen nach Osten gerichtet. Von ihren Verteidigern i eilloser Flucht verlassen, stehen Bunker und Grenzgräben am Wege, verlassen wie das hilflose brüllende Vieh, das die gewaltsam evakuierte Bauern zurücklassen mußten

Sur la frontière franco-belge, les lignes d'ouvrages bétonnés et de positions aménagées étaient orientées vers l'est. Leurs défenseurs s'en étant retirés en fuyant d'une façon déplorable, blockhaus et fossés frontaliers restaient au bord du chemin, aussi abandonnés que le bétail beuglant et incapable de se subvenir à lui-même que les cultivateurs évacués de force avaient dû laisser derrière eux.

On the Franco-Belgian border, the concrete defences and dug-in positions faced the east. Their defenders ran away in an appalling manner, bunkers and ditches at the borders were abandoned just like the bellowing cattle that were incapable of looking after themselves, left behind by the farmers that had been forced to evacuate the area.

(Voir annotations et commentaires en page 129)
(See remarks and annotations on page 129)

Mann und Maschine blieben fast immer getarnt. Das Laub an den Maschinen und die Tarnüberzüge der Kämpfer sollen gegen das «Eierlege» von oben Deckung geben

Hommes et machines restaient presque toujours camouflés. Les feuillages des véhicules et les effets de toile de camouflage des hommes devaient les mettre à l'abri des « œufs » pondus du ciel.

Men and machines were almost constantly camouflaged. The branches of the vehicles and the men's camouflage clothing was supposed to protect them from 'eggs' laid from the sky.

(Voir annotations et commentaires en page 129
(See remarks and annotations on pages 129 - 130

Wenn wir den Gegnern das Laufen beigebracht hatten, dann sorgten unsere Stukas schon dafür, daß sie auf dem Laufenden gehalten wurden

Quand nous eûmes imposé le pas de course à l'ennemi, nos Stuka ont veillé à ce qu'il en fût immédiatement informé.

When we had imposed a run on the enemy, our Stukas made sure they were immediately informed.

(Voir annotations et commentaires en page 130)
(See remarks and annotations on page 130)

Langsam rollt die Spitze in den Ort. Mit Wagen und zu Fuß wird erst einmal vorgefühlt

L'élément de tête pénètre dans la ville avec précaution. L'on cherche d'abord à établir le contact à la fois en voiture et à pied.

Advance guard cautiously enter a town. Initially we attempt to gain contact both by vehicle and on foot.

(Voir annotations et commentaires en page 13
(See remarks and annotations on page 13

Um vor Überraschungen sicher zu sein, wird im Ort kurz abgesessen, dann schnell durch und weiter

Une fois dans la ville, l'on met promptement pied à terre afin de se prévenir contre toute surprise. Elle sera vite traversée, et la progression reprendra.

Once in the town, we quickly dismount as a precaution against any surprises. The town is passed through quickly and the advance continues.

Voir annotations et commentaires en page 130)
See remarks and annotations on page 130)

Heiß brennt die Sonne vom hellblauen Himmel Frankreichs hernieder, steilan steigen oft Straßen und Wege. Schweiß rinnt in Strömen ü
sonnenverbrannte, staubbedeckte Gesichter. Helm ab, Ärmel hoch, das gibt Luft, nur kein Halten — weiter — immer weiter . . .

Unter so manchem Helm stiehlt sich graues Schläfenhaar hervor. Viele unserer Kameraden waren «nur» Reservisten, wie die Engländer einmal meinten. Freiwillige waren sie, Freiwillige aus der Allgemeinen ϟϟ, sie bewiesen den Tommys sehr bald, aus welchem Holz sie waren

Sous plus d'un casque se cachaient des tempes grises. Les Anglais pensaient alors que nombre de nos camarades n'étaient « que » des réservistes, alors qu'ils étaient volontaires et provenaient de l'*Allgemeine SS*! Ils allaient très vite montrer aux Tommies de quel bois ils étaient faits.

Many greying temples are hidden under the helmets. The British, at the time, thought that many of our comrades were 'only' reservists, whereas, in fact, they were volunteers and came from the Allgemeine SS ! They would soon show the 'Tommies' what they were made of.

(Voir annotations et commentaires en page 130)
(See remarks and annotations on page 130)

Du haut du ciel de France, d'un bleu éclatant, le soleil chauffe ardemment la terre. La pente des rues et des routes est souvent raide. La sueur coule à flots sur les visages brûlés de soleil et couverts de poussière. Retirer son casque et retrousser ses manches permet de se donner un peu d'air, mais pas question de faire halte. Il faut continuer, toujours plus loin...

In the bright blue skies of France, the sun beats down on the ground. The streets and roads are often hilly. Sweat pours down sunburnt and dusty faces. Removing one's helmet and rolling up the sleeves gives some relief from the heat, but stopping is out of the question. The advance must continue, deeper and deeper.

(Voir annotations et commentaires en page 130)
(See remarks and annotations on page 130)

Mit den Kameraden von der Panzerwaffe verband uns eine besonders herzliche Waffenbrüderschaft. Wir, von den berühmten schnellen Divisionen, waren für sie verflucht fixe Brüder. Wir wußten, was wir voneinander zu halten hatten

Une fraternité d'armes particulièrement sincère nous liait à nos camarades des chars. Nous autres, des fameuses divisions rapides, fûmes pour eux des frères d'armes diablement véloces. Nous savions que nous devions nous soutenir mutuellement.

A particularly sincere fellowship of arms linked us with our tank comrades. In their eyes, we, from the famous rapid divisions, were devilishly fast brothers in arms. We knew that we had to support each other.

(Voir annotations et commentaires en pages 130 - 13
(See remarks and annotations on page 13

Jede freie Minute nutzt der Muskote. Wo er nur kann, haut er sich hin. Auch Kräftesammeln ist Dienst! Und ein Stäbchen im Schnabel frischt die müden Lebensgeister wieder auf

Le troupier goûte chaque minute de libre. Où qu'il se trouve pour en jouir, ça va bien pour lui.
Même reprendre des forces, c'est du service! Et une cigarette dans le bec régénère l'esprit même de la vie.

The soldier makes the most of every free minute, wherever he may be. All is well for him.
Even getting one's strength back is part of the job ! A cigarette makes life so much better.

(Voir annotations et commentaires en page 131)
(See remarks and annotations on page 131)

Unsere Kameraden von der Feldgendarmerie lotsen uns durch die Trümmerhaufen der zerschlagenen Ortschaften

MÄNNER UND WAFFEN

LES HOMMES ET LES ARMES

THE MEN AND THEIR WEAPONS.

Nos camarades de la *Feldgendarmerie* nous guident à travers les monceaux de décombres des villes détruites.

Our Feldgendarmerie comrades guide us through the ruins of bombed towns.

(Voir annotations et commentaires en page 131)
(See remarks and annotations on page 131)

Mann und Waffe müssen ein Ding sein, verschmolzen zu einem Ganzen. Ob Knarre oder Pistole, ob Maschinengewehr oder Motorsäge, ganz gleich, womit der einzelne Mann im Kampfe hantieren muß, die Waffe, seine Waffe, muß ihm «in der Hand liegen». – Und das Geschütz? – Lächelt nicht, auch das Geschütz des Artilleristen muß dem Kameraden «in der Hand liegen». Er muß sie erfühlen können, seine Waffe, ohne viel über ihre Handhabung nachdenken zu müssen. Er fragt dann nicht viel über das Wie und Wo und Wann im Kampfe.

Ruhig lag der Mann hinter seinem MG und brannte dem Gegner seine Feuerstöße aufs Fell. Ruhig spielte der Kanonier mit geübten Griffen den feindlichen Panzer in seine Linse: – Schuß – ein Bersten und Brechen, – aus! – Als lodernde Fackel stand vor ihm der glühende und rauchende Panzer. Ein grimmiges Lächeln spielte um den Mund des Schützen. Er hat seine Waffe in der Hand! – das beruhigt, das macht sicher. Ihr wißt, wie das war, wenn man sich auf seine Waffe verlassen konnte. – Und ihr habt es kaum bemerkt, daß ihr euch auf euch selbst verlassen konntet. – Das war es! – Auf sich selbst verlassen können, und auf die Kameraden, und auf die Waffen, – die taten dann in eurer Hand schon ihre Pflicht. – So war es doch? – :

Wie war das damals am La Bassée-Kanal, – die Sache mit dem Geschütz? – Flach wie ein Tablett war das Gelände. Der Tommy hielt unsere Infanterie mit seinen MG-Garben am Boden nieder. Freund Hein begann zu ernten. Pfui Deibel! – Da fuhr so ein Teufelskerl von unserer Artillerie mitten im Kugelregen der Tommies in offener Feuerstellung sein Geschütz auf und donnerte die Engländer im direkten Beschuß zusammen. Das gab Luft! – Der kleine Oberscharführer aber hat bestimmt gelacht, daß ihm sein Geschütz so gut «in seiner Hand gelegen» hatte, und sein EK I, – das freute alle Infanteristen.

L'homme et l'arme doivent être fondus ensemble. Qu'il s'agisse d'un fusil ou d'un pistolet, d'un fusil-mitrailleur ou d'une scie à moteur, l'arme dont l'homme doit individuellement se servir au combat, son arme, il doit *« l'avoir en main »*. Et l'obusier? Pas de quoi rire, car leur obusier, nos camarades artilleurs doivent l'avoir tout autant *« en main »*. L'homme doit avoir acquis une connaissance intuitive de son arme, qui lui évite d'avoir à trop s'interroger sur son maniement. Au combat, il ne se pose alors guère de questions sur le comment, le où et le quand.

Calmement étendu derrière son fusil-mitrailleur, le tireur troue la peau de l'ennemi d'une rafale. Avec un savoir-faire consommé, le canonnier fait calmement entrer le char adverse dans son oculaire : feu… un éclatement, une rupture… c'est fini! Brûlant, fumant, le char ennemi se dresse devant lui comme une torche ardente. Un sourire farouche se dessine sur les bouches du tireur et du pointeur. Ils ont leur arme en main! Cela rassure et donne confiance en soi. Vous saviez comment c'était, quand on pouvait se fier à son arme. Et vous aviez à peine remarqué que vous pouviez aussi vous fier à vous-même. C'était ainsi. En pouvant compter tant sur vous-même que sur vos camarades et sur vos armes, vous faisiez déjà votre devoir. N'en fut-il pas toujours ainsi?

A l'époque, sur le canal de La Bassée, comment s'est déroulée l'affaire de l'obusier? Le terrain était lisse comme un plateau. Les rafales de mitrailleuse du Tommy clouaient notre infanterie au sol. La mort commençait à moissonner. Foin du diable! C'est alors qu'en plein sous la grêle de balles des Tommies, un rude gaillard de notre artillerie mit son obusier en position de batterie non défilée et foudroya tous les Anglais par des coups directs. Cela donna de l'air! Le fait d'avoir eu son obusier si bien « en main » a sûrement fait rire le petit *Oberscharführer*[1], mais sa Croix de fer de 1re classe a fait plaisir à tous les fantassins.

1. Voir annotations et commentaires en page 131.

(Voir annotations et commentaires en page 131)
(See remarks and annotations on page 131)

The soldier and his weapon must be as one. Whether it be a rifle or a pistol, a light machine-gun or a motor chain-saw, a man's personal weapon that he must use in combat, his weapon, must be *'at hand'*. And the howitzer ? It is nothing to laugh about, as our artillery comrades must also have the howitzer as much *'at hand'*. The soldier must have acquired an intuitive knowledge of his weapon, thus avoiding the need to ask himself too many questions concerning its use. In combat, therefore, he hardly asks questions on the why and the wherefore. Calmly laid behind his light machine-gun, the soldier riddles the enemy with a single burst. With consummate skill, the layer gunner calmly allows the enemy tank to enter his sight : fire...an explosion, the tank is pierced, it is over ! Burning and billowing smoke, enemy tank towers in front of him like a fierce livid torch. A shy smile spreads across the faces of the gunner and the gun layer. They had their weapon at hand ! This is re-assuring and gives you self confidence. You knew what it was like when you could rely on your weapon. And you have only just noticed that you too could be proud of yourself. It was thus. By being able to count on yourself as well as your comrades and your weapons, you were already accomplishing your duty. Was it not always thus ? At the time, on the La Bassée canal, what was the story of the howitzer ? The land was as flat as a pancake. The bursts from the Tommy's machine-guns had our infantry pinned down. Death had begun its devil's harvest. It was at this point, when the Tommy's bullets filled the air, that one of our tough artillerymen placed his howitzer in the open and struck down all the British with direct hits. That was good ! Having handled his howitzer so well no doubt made the little *Oberscharführer* [1] laugh, but his Iron Cross 1st Class made all the infantrymen happy.

1. *See remarks and annotations on page 131.*

Schnell sind die Einheitsführer zur Lagebesprechung zusammengekommen. An Hand der Karte wird der weitere Vormarsch festgelegt

Les commandants d'unités ont été rapidement réunis en vue d'un examen de la situation. L'itinéraire à suivre est déterminé carte en main.

The unit commanders have been quickly gathered together to estimate the situation. The route to take is chosen from the map.

(Voir annotations et commentaires en page 13

(See remarks and annotations on page 13

Auf einem sieben Meter hohen Getreideschober liegt diese B-Stelle der Artillerie. Ein paar Garben decken sie gegen Sicht. Weit reicht der Blick über die Ebene des La Bassée-Kanals

Cet observatoire d'artillerie a été installé sur une meule de paille de sept mètres de haut. Deux gerbes de blé le dissimulent aux regards de l'ennemi. Les vues s'étendent loin au-delà du canal de La Bassée.

This artillery observing-post has been set up on a seven metre high hay stack. Two sheaves of corn hide it from enemy view. The view from the top looks far beyond the La Bassée canal.

(Voir annotations et commentaires en page 131)
(See remarks and annotations on page 131)

Ein Blitz – und rollender Donnerschlag! Jaulend fegen die Granaten zum Tommy hinüber, um ihm die Betten ein wenig aufzuschütte

Un éclair... et un coup de tonnerre grondant. En gémissant, les obus vont nettoyer le terrain en face, chez les Tommies, pour les secouer un peu dans leur lit.

A flash....followed by rumbling thunder. The screeching shells will clean up the 'Tommy' occupied terrain opposite and shake them in their beds.

(Voir annotations et commentaires en page 13
(See remarks and annotations on pages 131-13

Die Kameraden von der Flak halten uns die ewig neugierigen Flieger der Franzosen und Engländer vom Leibe, oder helfen im direkten Beschuß die schwersten Panzer zerschlagen

Les aviateurs français et anglais, d'une curiosité insatiable, sont maintenus loin de nous par nos camarades de la Flak. Ceux-ci contribuent également à détruire les chars les plus lourds par pointages directs.

French and British airmen, with their insatiable curiosity, are kept at arms length by our Flak comrades who also take part in the destruction of heaviest tanks by firing over open sights.

(Voir annotations et commentaires en page 132)
(See remarks and annotations on page 132)

Drüben, jenseits des Kanals, im brennenden Robecq, sitzt noch der Tommy. Ein deutscher Panzer sondiert das Vorgelände auf der andere
Seite des La Bassée-Kanals

Nachdem wir uns aus den Kähnen mit genügend Sprit versorgt haben, versenken unsere Pioniere diese Kohlen- und Spritkästen, die uns das Schußfeld behindern und nur allzuleicht dem bedrängten Tommy als Brücken dienen könnten

Après que ces chalands d'essence et de charbon nous aient permis de nous ravitailler en carburant en quantité suffisante, nos sapeurs les ont coulés. Ils masquaient notre champ de tir et pouvaient trop aisément servir de pont au Tommy talonné.

Once these petrol and coal barges had allowed us to re-fuel sufficiently, our engineers sank them. They obstructed our rifle-range and could easily have been used by the hotly pursued 'Tommies' as bridges.

(Voir annotations et commentaires en page 132)
(See remarks and annotations on page 132)

En face, au-delà du canal de La Bassée, le Tommy occupe toujours Robecq en flammes. Sur l'autre rive, un char allemand sonde les avancées du canal.

Opposite, beyond the La Bassée canal, the 'Tommy' still holds Robecq in flames. On the other bank, a German tank probes the overhangs of the canal.

(Voir annotations et commentaires en page 132)
(See remarks and annotations on page132)

Hart bellen die Maschinengewehre auf. Mit ruhig gezielten Feuerstößen wird jede Bewegung des Gegners erstickt. Er wird an den Bod
genagelt

Les mitrailleuses aboient furieusement. Des rafales posément ajustées bloquent chaque mouvement de l'ennemi. Il est cloué au sol.

The heavy machine-guns bark furiously. Well-aimed bursts block every enemy movement. He is pinned down.

(Voir annotations et commentaires en page 132)
(See remarks and annotations on page 132)

Le patron sur la position la plus avancée ! Fusil au poing, patte d'épaule droite arrach
dans le tumulte des combats, l'officier SS fait un compte rendu de la situation à son commandant de divisio

The boss at the most forward position ! Rifle in hand, the right shoulderboard torn off in the heat of battl
the SS officer reports the situation to his divisional command

(Voir annotations et commentaires en page 13
(See remarks and annotations on page 13

Der Alte in vorderster Front! Der ᛋᛋ-Führer, seine Knarre in der Faust, das rechte Schulterstück im Kampfgetümmel heruntergerissen, gibt seinem Divisionskommandeur Bericht über die Lage

Nur ein paar Tage konnte sich der Engländer hinter dem Kanal halten. Dann jagten wir ihn wieder hoch

L'Anglais n'a pu se maintenir derrière le canal que deux jours durant. Après quoi nous l'avons à nouveau pourchassé avec ardeur.

The British only managed to hold their positions behind the canal for two days. We then set off after them again in hot pursuit.

(Voir annotations et commentaires en page 132)
(See remarks and annotations on page 132)

Mit einigen schnellen Sprüngen sind die Pioniere der ϟϟ aus ihrer Deckung heraus und auch schon am Kanal; ein kräftiger Schwung — und klatschend liegt das Schlauchboot im Wasser.

En quelques bonds rapides, les sapeurs des SS quittent leur abri et atteignent le canal; une vigoureuse lancée, et le bateau pneumatique frappe la surface de l'eau avec grand bruit.

With a few quick movements, the SS engineers leave their cover and quickly reach the canal ; a strong throw and the pneumatic boat splashes onto the water with much noise.

(Voir annotations et commentaires en page 132)
(See remarks and annotations on page 132)

Im Schutz der schweren Infanteriewaffen setzen unsere Männer mit ihrer Pak über den Kanal. Ein Boot folgt dem anderen; der Brückenk wird gebildet

Sous la protection des armes lourdes d'infanterie, nos hommes franchissent le canal avec leur canon antichar. Un bateau suit l'autre, la tête de pont est constituée.

Covered by heavy infantry weapons, our men cross the canal with their anti-tank gun. Other boats follow, the bridgehead is achieved.

(Voir annotations et commentaires en page 133 - See remarks and annotations on page 1

Vollkommen ruhig, trotz feindlichen Beschusses, stellt der Mann hinter seinem E-Messer die genauen Entfernungen fest, denn . . .

Parfaitement calme derrière son télémètre malgré les tirs ennemis, l'homme mesure les distances avec précision, car...

Perfectly calm behind his rangefinder, despite the enemy fire, the soldier measures the distances accurately because......

. . . die schweren Granatwerfer sollen den vorgehenden Kameraden von der Infanterie den notwendigen Feuerschutz geben und die Köpfe d
Gegners an den Boden drücken

...les mortiers lourds doivent fournir aux camarades de l'infanterie en progression l'appui de feux nécessaire et faire rentrer à l'ennemi la tête dans le sol.

... the heavy mortars must give the advancing infantry enough fire support to make the enemy keep his head down.

(Voir annotations et commentaires en page-13
(See remarks and annotations on page 13

MG-Garben peitschen flach über die Straße hinweg. Fertig zum Sprung. Mit einem riesigen Satz wird das gefährliche Straßenband überwunden

Sur l'avant, des rafales d'armes automatiques rasantes fouettent la route. Prêts pour un bond ! Un élan formidable permet
de se rendre maître de la portion de route critique.

Afore, grazing machine-gun bursts cover the road. Ready to leap forward. The men move rapidly and take possession of the critical part of the road.

Stellungswechsel der Ari

Changement de position de l'artillerie.

The artillery moves into a new position.

(Voir annotations et commentaires en page 13

(See remarks and annotations on page 13

Wofür seid ihr gefallen?

Pour quoi sont-ils tombés ?

For what purpose did they fall ?

(Voir annotations et commentaires en page 133)
(See remarks and annotations on page 133)

SIE SCHOSSEN MIT ANDEREN WAFFEN

ILS RIPOSTAIENT AVEC D'AUTRES ARMES

THEY SHOOT BACK WITH OTHER WEAPONS

Ihre Aufgabe war es, Mittler zwischen Front und Heimat zu sein. In Wort und Bild, in Ton und Film sollten sie der Heimat Kunde bringen von den Taten der Männer, die im Feindesland für sie im Kampfe lagen. – Es war nicht immer leicht, statt zurückzuschießen, sich wehren zu dürfen, immer nur aufs Knöpfchen der Kamera zu drücken oder Erlebnisse in sich aufzunehmen. Zurückschießen beruhigt im Kugelregen die angespannten Nerven ungemein. Oder, wenn nach tagelangen lebhaften Einsätzen endlich einmal Ruhe eintrat und alles die todmüden Knochen langstrecken durfte, dann war es verdammt nicht leicht, trotz bleischwerer Augenlider Berichte zu tippen. Und doch, es wurde geschafft, – es mußte geschafft werden. Sie hatten es sehr schnell gelernt, mit ihren anderen Waffen im Einsatz fertig zu werden. Ihre Berichte in Wort und Bild, in Film und Ton zeigten sehr bald, wie unsere Kriegsberichter an der Front zu «schießen» pflegten, – Mittler zwischen Heimat und Front.

Leur mission était de servir d'intermédiaire entre le front et la patrie. Grâce à des textes et à des photos, à des bandes sonores et à des films, ils devaient faire connaître à la patrie les exploits des hommes qui se battaient pour elle en terre étrangère. Il ne leur était pas toujours facile, pour pouvoir se défendre, d'avoir seulement à appuyer sur le déclic d'un appareil photographique ou à filmer l'événement lui-même au lieu de riposter. Répondre par le feu sous une grêle de balles repose des nerfs trop tendus. Il ne leur était guère plus facile, ô combien, quand enfin venait le repos après plusieurs jours de combats intenses et que, mort de fatigue, ils auraient pu longuement s'étirer, d'avoir à taper un reportage avec des paupières lourdes comme du plomb. Et pourtant ils y arrivaient parce qu'il devaient y arriver. Ils avaient très vite appris à se préparer au combat avec ces autres armes. En très peu de temps, leurs reportages écrits ou photographiques, enregistrés ou filmés, ont montré de quelle façon nos correspondants de guerre, intermédiaires entre la patrie et le front, « ripostaient »[1].

---

1. Voir précisions et commentaires en page 133.

Their mission was to provide a link between the frontline and the homeland. Thanks to texts and photographs, soundtracks and films, they showed the homeland the exploits of the men who were fighting for her in foreign lands. It was not always easy for them, in order to defend themselves, to simply press the button of a camera or film the events instead of shooting back. Shooting back whilst under heavy fire relaxes highly strung nerves. It was hardly easier for them. How many times, when they finally had a period of calm after several days of heavy fighting, dead with fatigue, they could have laid down, but had to type out an article with eyelids as heavy as lead. Nevertheless they did this because they had to. They soon learnt how to fight with these other weapons. In a very short time, their written or photographic reportages, recordings and films, showed how our war correspondents, the link between the homeland and the frontline, 'shoot back'[1].

---

1. See information on page 133.

REFUGIÉS
VLUCHTLINGE

Daß diese Hände, die mit hartem Griff
Noch vor Minuten das Gewehr umspannten,
Die trotzend allen Kugeln und Granaten
Das Kraftrad lenkten viele Tage lang,
Nun, jäh entspannt nach kämpferischem Tun,
Beseelt von Andacht auf den Tasten ruhn . . .
Ergriff euch, Kameraden!

Und Stille war in euren Kreis getreten . . .
Und eure Augen waren wie umflort
Zum schuttbeladenen Klavier gewandt,
Aus dem ganz leis' in perlendem Akkord
Ein Walzer unsres Meisters Strauß erklang.
War das nicht Heimat, fern im fremden Land?
Ihr fühltet's, Kameraden!

Noch war der Lärm des Kampfes nicht verhallt,
Von draußen hämmerten noch die Gewehre.
Ihr hättet wohl ein Siegeslied verdient!
Und fühltet doch: was seine Klänge künder
Besiegt den Tod, beseligt alle Zeit
Als «Ja» zum Leben, zur Unsterblichkeit
Von Deutschland, Kameraden!

FRITZ GERLACH

Que ces mains, qui enserraient fermement le fusil
Il y a quelques minutes encore,
Qui, bravant balles et obus,
Guidèrent la moto de nombreux jours durant,
Maintenant soudain détendues après ces gestes de combat,
Saisies de recueillement, reposent sur les touches...
Soyez-en émus, camarades!

Et le calme s'était installé dans votre cercle...
Et vos yeux étaient comme voilés,
Errant sur le piano encombré de débris,
Dans lequel, en un accord pétillant, imperceptiblement,
Retentit une valse de notre maître Strauss.
Loin en terre étrangère, n'était-ce pas la patrie?
Vous le sentiez, camarades!

Le fracas du combat ne s'était pas encore tu,
Au dehors les fusils martelaient encore.
Vous aviez largement mérité un chant de victoire!
Et vous sentiez bien que son écho répandu
Triomphe de la mort, enchante éternellement
Comme un « oui » à la vie, à l'immortalité
De l'Allemagne, camarades!

Fritz Gerlach

These hands that held firm the rifle
just a few minutes ago,
That, braving bullets and shells,
Guided the motorcycle for days on end,
Now suddenly calm after the fight,
Filled with contemplation, softly touch the keys....
Be filled with emotion, comrades !

And a calm fell over your group...
And your eyes were as if veiled,
As they wandered over the wreckage strewn piano,
From which, in a twinkling note faintly came,
A waltz by our master Strauss.
Deep within a foreign land, was this not our fatherland ?
Did you feel it, comrades ?

The sound of battle had not yet ceased,
Outside rifles still crackled.
You have richly deserved a song of victory !
And you can feel its echo spread
Triumph of the dead, enchants eternally
Like a 'yes' to life and Germany's immortality, comrades !

Fritz Gerlach

Abgesessene Kradschützen pflegen der Ruhe! Wo es den Soldaten gerade hinhaut, — da ist sein Bett. Er schläft im Liegen, Hocken oder Sitz
und wenn es sein muß, auch wie ein Pferd im — Stehen

Vom Kampfe mit Schlamm bedeckt, das Erleben harten Ringens noch auf ihren Gesichtern, spielt schon wieder ein Lächeln in ihren Augen. Lebensfroh sind sie geblieben

Couverts de boue par les combats, leurs visages encore marqués de cernes profonds, un sourire naît déjà dans leurs yeux. Ils sont restés heureux de vivre.

Covered with mud from the fight, their faces still bearing the marks of deep fatigue, a smile emerges in their eyes. They are happy to be alive.

(Voir annotations et commentaires en page 133)
(See remarks and annotations on pages 133 - 134)

Ayant mis pied à terre, des fusiliers motocyclistes s'abandonnent au repos ! Ce qui convient le mieux au soldat, c'est son lit.
Autrement, il dort allongé, accroupi ou assis et, quand il le faut, debout comme un cheval.

Once they have alighted, these members of a motorcycle rifle unit get some rest. The best thing for a soldier is his bed.
Otherwise, he sleeps on the ground, crouched or sitting and, when he has to, standing up like a horse.

(Voir annotations et commentaires en page 133)
(See remarks and annotations on page 133)

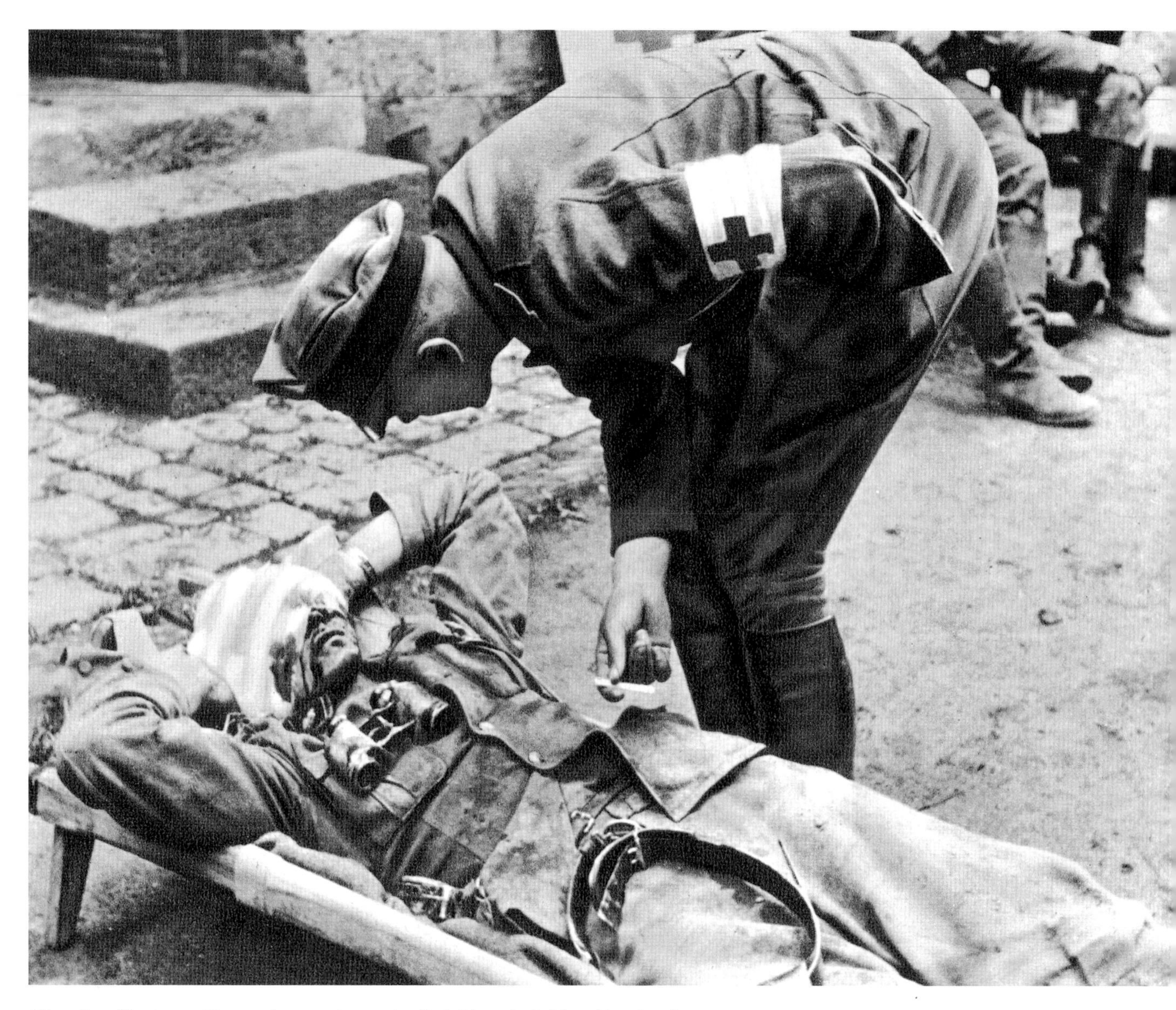

«Hier eine Zigarette, Kamerad; nur ein wenig Geduld — wir helfen dir schon!»
Ruhig spricht der Arzt zum schwerverwundeten ϟϟ-Führer. Geduldig wartend raucht der Verwundete seine Zigarette, ohne zu klagen; kein Wort kommt über seine Lippen, bis auch ihm von den tüchtigen Ärzten des Hauptverbandplatzes der ϟϟ geholfen wird

« Voilà une cigarette, camarade. Juste un peu de patience... On s'occupe de toi ! ». A l'officier SS grièvement atteint, le médecin s'adresse avec douceur. Attendant patiemment, le blessé tire sur sa cigarette sans se plaindre; aucun mot ne franchira ses lèvres tant que les médecins compétents du poste de secours divisionnaire de la *SS-Totenkopf-Division* ne seront pas venus s'occuper de lui.

«Have a cigarette comrade. Hold on a while....we are looking after you », says the doctor softly to the seriously hit SS officer. Waiting patiently, uncomplaining, the wounded officer smokes his cigarette; he will speak no words as long as the skilled doctors of the SS-Totenkopf-Division's main dressing station have not come to care for him.

(Voir annotations et commentaires en page 134)
(See remarks and annotations on page 134)

Et ils ont tous été soignés. Fait poignant, pas un seul de nos camarades blessés ne se plaint ni ne gémi
Parfois, l'on croit même les voir sourire, nos valeureux camarade

They have all been treated. A poignant fact is that not one of our wounded comrades complains or cries out. Occasionall
we even think we see our brave comrades smil

(Voir annotations et commentaires en page 13
(See remarks and annotations on page 13

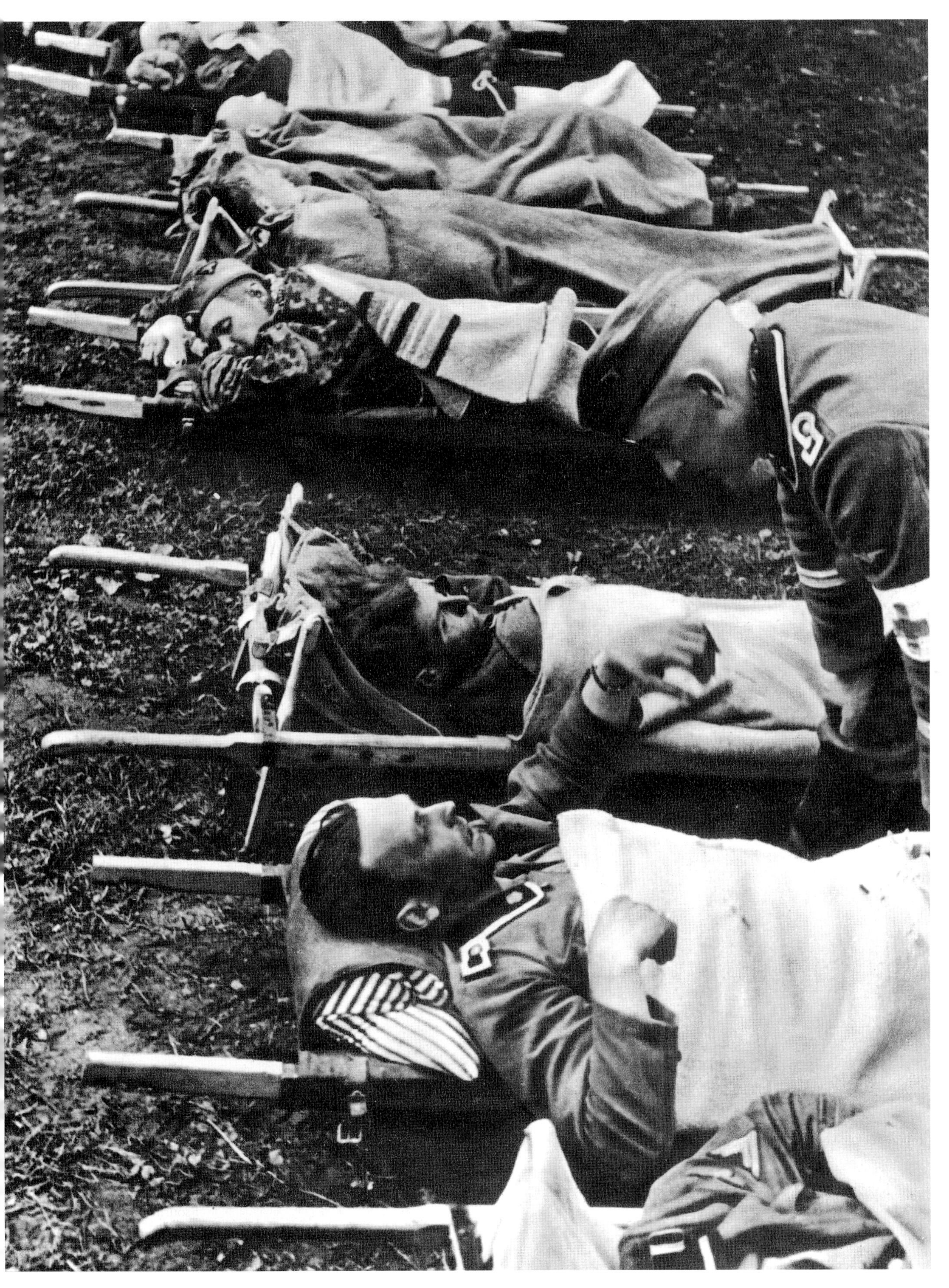

Und es wird allen geholfen. Das Erschütternde ist, daß keiner, auch nicht einer der verwundeten Kameraden klagt oder stöhnt. Manchmal meint man sie sogar lächeln zu sehen, unsere tapferen Kameraden

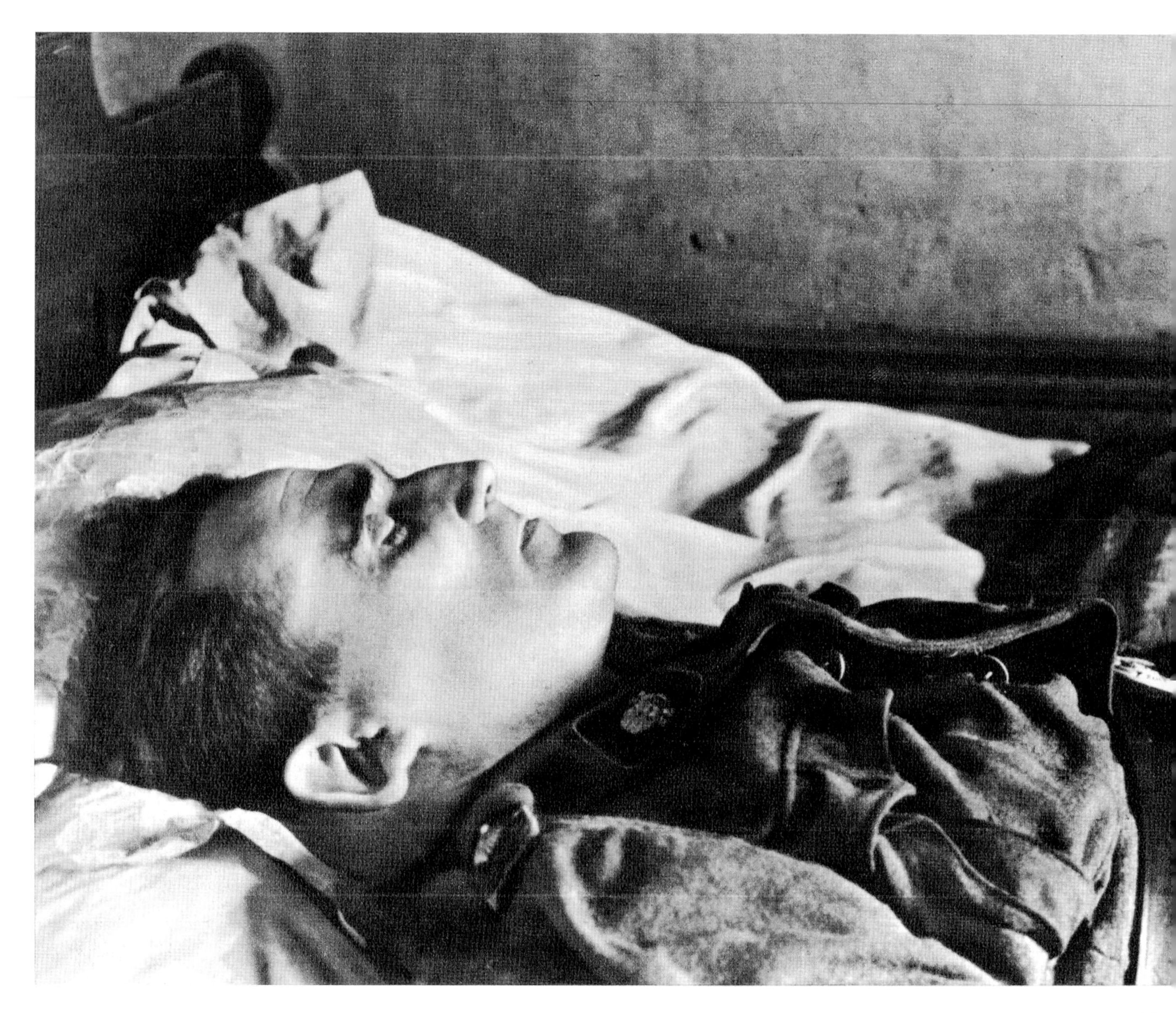

Still liegt nun der Regimentskommandeur im Bett des französischen Bauernhauses. Er fiel im Kampf, inmitten seiner Kameraden. Ein Soldat wie jeder andere. Im Leben wie im Sterben das Vorbild eines Kämpfers für den Führer

Le commandant du régiment repose maintenant dans le lit d'un paysan de France. Il est tombé au combat, au milieu de ses camarades. Un soldat comme les autres. Mais, de son vivant comme dans sa mort, un combattant exemplaire aux yeux du Führer.

The regiment's commander now lies at rest in a French peasant's bed. He died in combat, surrounded by his comrades. A soldier like any other. However, in life as well as death, an exemplary combatant in the eyes of the Führer.

(Voir annotations et commentaires en page 13
(See remarks and annotations on page 13

Krachend rollen die Salven über das einsame Grab am Rande der Straße. Ein paar Feldblumen, ein Strauß aus einem Bauerngarten, ein stummer Blick, ein letzter Gruß: «Ich hatt' einen Kameraden!»

Les salves claquent l'une après l'autre au-dessus de la tombe solitaire creusée au bord de la route.
Quelques fleurs des champs, un bouquet cueilli dans le jardin d'une ferme, un regard muet, un dernier salut... « *J'avais un camarade* ».

Salvoes ring out one after the other over the single grave dug at the roadside.
A few wild flowers, a bunch picked from a farmyard garden, a silent gaze, a last salute... "*I had a comrade*".

(Voir annotations et commentaires en page 134)
(See remarks and annotations on page 134)

Schlichte Kreuze am Wege. Die Helme werfen einen leichten Schatten auf die Namen der Gefallenen. Eine Gruppe von ϟϟ-Männern

De simples croix sur le chemin. Les casques projettent une ombre légère sur les noms des tués. Une section de combat de SS défile devant, marchant à l'ennemi. Les hommes marquent le pas : *« Une balle est venue par les airs ; est-elle pour toi ou pour moi ? »*.

(Voir annotations et commentaires en page 13

kommt vorüber; sie marschieren gegen den Feind. Sie verhalten im Schritt: «Eine Kugel kam geflogen, gilt sie dir oder gilt sie mir?»

Plain crosses on the roadside. The helmets cast a slight shadow on the names of the dead. A SS infantry platoon marches in front of them, towards the enemy. The men mark time: "*A bullet flew towards us for him or meant for me?*"

(See remarks and annotations on page 134)

So unbekümmert sich die Kameraden beim Brückenbau am La Bassée-Kanal zu bewegen scheinen, es pfiff damals doch ganz lebhaft von Robecq herüber. Eine Pak sicherte die Arbeit an der Brücke gegen Überraschungen durch feindliche Panzer

Trotz Kugelgezwitscher bauen die Pioniere der ϟϟ in aller Seelenruhe die von den Tommys gesprengte Brücke wieder auf. Kurz darauf mußten sie ihr Werk wieder in die Luft jagen, um sie dann wenig später nochmals aufzubauen

Malgré le gazouillis des balles, les sapeurs des SS reconstruisent fort tranquillement le pont que les Tommies ont fait sauter.
Peu après, leur ouvrage devait à nouveau voler dans les airs, ce qui les amenait à le reconstruire une nouvelle fois un peu plus tard.

Despite the buzzing bullets, the SS engineers calmly re-build the bridge that the 'Tommies' had blown up.
A short time after, their bridge was blown into the air once more, leading them to build another a little later.

(Voir annotations et commentaires en page 135)
(See remarks and annotations on page 135)

Nos camarades qui construisent un pont sur le canal de La Bassée semblent se comporter avec insouciance. Pourtant, venant de Robecq, les balles sifflent dans leur direction avec une particulière vivacité. Un canon antichar couvre le travail pour parer à toute surprise que pourraient créer des chars ennemis.

Our comrades building a bridge across the La Bassée canal do not appear to have a care in the world.
However, bullets are flying towards them from Robecq. An anti-tank gun covers their work to prevent a possible sneak attack by enemy tanks.

(Voir annotations et commentaires en page 134)
(See remarks and annotations on pages 134 - 135)

Kapuzenmänner? Das Baukommando an der Brücke schützt sich vor dem nieselnden Regen mit übergestülpten Säcken

Des capucins? Non, le détachement affecté à la construction du pont se protège de la bruine avec des sacs.

Capuchins ? No, the party tasked with re-building the bridge wears bags to protect themselves from the drizzle.

(Voir annotations et commentaires en page 135)
(See remarks and annotations on page 135)

Die letzten Bohlen sind kaum verlegt, da rollt auch schon der erste Wagen der Kolonne hinüber

Les derniers madriers sont à peine mis en place que roule déjà dessus le premier véhicule de la colonne.

No sooner are the last beams in place than the first vehicle in the column crosses over.

(Voir annotations et commentaires en page 135)
(See remarks and annotations on page 135)

Auch der Schönheitssinn stellt bei unseren braven Pionieren seine Ansprüche. Mit der Motorsäge «verpassen» die ϟϟ-Pioniere ihrer Brücke den letzten Schliff

Le sens du beau a également ses droits chez nos braves sapeurs. A l'aide d'une scie à moteur, les *SS-Pioniere* donnent la dernière touche à leur pont.

Our brave engineers also have an aesthetic side. The *SS-Pioniere* add the final touch to their bridge with a motor chainsaw.

(Voir annotations et commentaires en page 135 - See remarks and annotations on page 13

Indessen der Brückenbau seiner Vollendung entgegengeht, steht der Beobachter auf dem fertiggemachten französischen Panzer, um gegen den Feind zu sichern

Cependant, la construction du pont touche à sa fin. Un observateur est monté sur un char français endommagé pour assurer la couverture des troupes face à l'ennemi.
However, the bridge is nearly finished. An observer climbs on top of a damaged French tank to cover the troops in the face of the enemy.

(Voir annotations et commentaires en page 135- See remarks and annotations on page 135)

Gefangenenkontrolle. Das Gepäck und die Papiere werden von SS-Kameraden untersucht

»Partie Allemagne!« Jawohl, der Wunsch ging vielen Franzosen in Erfüllung. Nur hatten sie sich den Ausflug anders vorgestellt.

« *Partir vers l'Allemagne !* ». Effectivement, le souhait de nombreux Français se réalise. Ils s'étaient seulement représentés l'excursion différemment.

"*Off to Germany*". Actually, this wish expressed by many Frenchmen came true. Except for the fact that they had imagined a different trip.

(Voir annotations et commentaires en page 135)

Le contrôle des prisonniers. Leurs paquetages et leurs papiers sont examinés par nos camarades.

Prisoners are checked over. Their personal kit and papers are examined by our comrades.

(Voir annotations et commentaires en page 135)
(See remarks and annotations on page 135)

An allen Vormarschstraßen waren ungeheure Mengen von Munition aufgestapelt; Liebesgaben, die ihr Ziel nie erreichten.
Sur toutes les routes menant vers l'ennemi étaient amoncelées de formidables quantités de munitions ; ces « dons charitables » n'avaient pas atteint leur objectif.
All the roads leading towards the enemy are piled with huge amounts of ammunition. These 'charitable gifts' had not achieved their goal.

(Voir annotations et commentaires en page 135 - See remarks and annotations on page 13

Ein riesiger französischer Transporter wurde am Boden vernichtet. Er diente unseren Kameraden als feldmäßiges Quartier
Un avion de transport français colossal avait été détruit au sol. Il servait de cantonnement de campagne à nos camarades.
A huge French transport plane was destroyed on the ground. Our comrades used it as field quarters.

(*Voir annotations et commentaires en page 135* - *See remarks and annotations on pages 135 - 136*)

KAMERADEN OHNE RUHM

DES CAMARADES DÉLAISSÉS PAR LA GLOIRE

COMRADES THAT GLORY ABANDONED.

Sie, die stillen ungenannten und unbekannten Kameraden, die alle in selbstloser Pflichterfüllung an ihrem angewiesenen Platz das Ihre taten, sollen nicht vergessen sein. Viele von ihnen versuchten mit allen Mitteln, auch endlich einmal mit der Knarre in der Hand zum Einsatz zu kommen. Aber Befehl war Befehl und höhere Einsicht ließ sie dann aushalten an dem Platz, den das Soldatenschicksal ihnen zugewiesen hatte. Und bald konnten sie erkennen, wie ungeheuer wichtig ihre Arbeit, ihr Einsatz an ihrem Platz, für die Kameraden am Feind war. In harter und heißer Arbeit standen die Feldbäcker an ihren Öfen, schnell mußten die Schlächter ihr Werk verrichten, um die Verpflegung der Truppe sicherzustellen. Wie ein Uhrwerk mußte der Dienst im Hauptverpflegungsamt im Interesse der Einsatzbereitschaft der Truppe ablaufen. Wieviel Schweiß rann den Kameraden der Instandsetzungs-Werkstätten von Stirn und Nacken. Wenn einer von diesen allen versagte, dann konnte alles auf dem Spiele stehen. Und sie haben doch nie versagt, diese stillen, pflichtbewußten Mitstreiter unserer Division.

Ils ne doivent pas être oubliés, ces camarades silencieux, anonymes et inconnus qui accomplissaient leur devoir avec désintéressement à la place qui leur était assignée. Au moins une fois, nombre d'entre eux ont cherché par tous les moyens à aller eux aussi au combat fusil en main. Mais les ordres étaient les ordres et leur intelligence supérieure leur dicta de rester là où le hasard militaire les avait placés. Très vite, ils purent s'apercevoir combien leur tâche, leur propre combat, était extraordinairement important pour leurs camarades au contact de l'ennemi. Pour que le ravitaillement des troupes soit assuré, les boulangers de campagne effectuaient à leur four un travail harassant dans une atmosphère torride et les bouchers devaient accomplir leur besogne particulièrement vite. Pour que les troupes conservent leur aptitude au combat, le bureau de gestion des subsistances divisionnaire devait fonctionner comme un mouvement d'horlogerie [1]. Dans les ateliers de réparation, la sueur coulait abondamment sur les fronts et les nuques. Si un seul d'entre eux avait eu une défaillance, tout pouvait être remis en cause. Mais ils n'ont jamais fait défaut, ces compagnons d'armes de notre division silencieux et conscients de leur devoir.

1. Voir annotations et commentaires en page 136.

They should not be forgotten, these silent, anonymous and unknown comrades who unselfishly carried out their duty in the role that had been assigned to them. On at least one occasion, many of them had tried by any means to grab a rifle and go into the fight. However, orders are orders and their higher intelligence dictated to them to remain where the hazards of war had placed them. Very quickly, they were able to see just how important their task, their own combat, was to their comrades at the point of contact with the enemy. In order to maintain supplies to the troops, the field bakers worked hard at their oven in the hot weather and the butchers had to undertake their work particularly quickly. If the troops were to maintain their combat efficiency, the divisional ration office had to function like clockwork[1]. In the repair workshops, sweat poured down foreheads and the backs of necks. If a single man faltered, everything could falter. But, they never did, our silent comrades in arms of the division, conscious of their duty.

1. See remarks and annotations on page 136.

Aucune viande n'était distribuée aux troupes sans avoir préalablement fait l'objet d'un examen minutieux au microscope

No meat was distributed to the men without having first been carefully examined with a microscope

(Voir annotations et commentaires en page 13

(See remarks and annotations on page 13

Kein Fleisch wird an die Truppe ausgegeben, das nicht zuvor auf das sorgfältigste mit dem Mikroskop beschaut worden ist

Die Kornkammer unserer Division ist ein Teil der vorzüglich klappenden Organisation der Truppenverpflegung. In stiller Pflichterfüllung tragen dort Kameraden ihr Teil zum Siege unserer Truppen bei

Le grenier à blé de notre division n'est qu'un maillon de l'organisation remarquablement agencée du ravitaillement des troupes. En accomplissant modestement leur devoir, ces camarades contribuent pour une part à la victoire de nos armes.

Our divisional corn-loft was just one link in the well-oiled supply chain for the troops. By modestly carrying out their duty, these comrades contributed to the victory of our weapons.

Unsere Brot-Architekten sorgen unermüdlich für unseren Mundvorrat. Ohne Ruhm zu ernten, taten diese Kameraden ihren heißen Dienst. Wir sind ihnen zum Dank verpflichtet

Nos architectes du pain veillent inlassablement à nos provisions de bouche. Sans en retirer la moindre gloire, ces camarades assurent leur service dans une atmosphère torride. Nous nous devons de les en remercier.

Our 'architects of bread' constantly ensure that our stomachs are supplied. Doing this without glory, these comrades work in scorching conditions. We must thank them.

(Voir annotations et commentaires en page 136)
(See remarks and annotations on page 136)

Ein Munitionslager für unseren unersättlichen Magen; genau so wichtig wie Granaten und Patronen. Hier fassen unsere Verpflegungs-Unteroffiziere die notwendigen Brotrationen

Un dépôt de munitions pour nos estomacs insatiables, tout aussi important que les obus et les cartouches. Les sous-officiers chargés de l'approvisionnement viennent percevoir ici les rations de pain nécessaires.

An ammo dump for our insatiable stomachs that is just as important as shells and bullets. The ration NCOs come here to receive the necessary bread rations.

(Voir annotations et commentaires en page 136 - See remarks and annotations on page 136)

Die Männer von den I-Wagen sorgen in pflichtbewußter unermüdlicher Arbeit dafür, daß die Fahrzeuge unserer vorwärtsstürmenden Division im Rollen bleiben

Grâce à un travail aussi consciencieux qu'inlassable, les hommes de la voiture-atelier veillent à maintenir en état de rouler les véhicules de notre division qui livre l'assaut sur l'avant.

Thanks to their conscientious as well as unending work, the men of the workshop truck keep the division's vehicles running, that are at the forefront of the attack.

(*Voir annotations et commentaires en page 136 - See remarks and annotations on page 136*)

IM EINSATZ

LE COMBAT

COMBAT

Sie ist eine schnelle Division, unsere ϟϟ-Totenkopf-Division. Für eine motorisierte Division bedeutet Schnelligkeit alles. Unberechenbar für den Gegner sein. Hart im Durchbruch, unwiderstehlich, beweglich und schnell im Vorstoßen, in der Verfolgung. Infanterie, Artillerie, Pak, Nachrichtentruppen oder Pioniere, sie waren alle nur ein Rädchen im großen Uhrwerk der Division, das trotz der unerhörten Schnelligkeit der einzelnen Aktionen sicher lief. Mit unserem Tempo zerstörten wir die Verbindungen der Gegner, mit unserem Tempo zermürbten wir die Entschlußkraft der Feinde. Ob Kartenstelle oder Feldküche, ob Divisionsstab oder der letzte Kradmelder, alles war auf Tempo zugeschliffen.

Mut und Kraft und Einsatzwillen bis zum letzten, das besaßen unsere Männer und mit diesen Soldatentugenden brachte uns das Tempo den Sieg.

Notre *SS-Totenkopf-Division* est une division rapide. Dans une division motorisée, tout est lié à la vitesse. Pour l'adversaire, elle doit être imprévisible. Dure dans la rupture, irrésistible, mobile et rapide dans les poussées offensives et la poursuite. Infanterie, artillerie, antichars, transmissions ou génie n'étaient chacun qu'un rouage dans le mécanisme d'horlogerie de notre division, qui tournait impeccablement en dépit de la vitesse inouïe des actions individuelles. Grâce à notre célérité, nous avons détruit les liaisons de l'adversaire et usé sa force de décision. Que ce fussent la section cartographique ou les cuisines, l'état-major divisionnaire ou le dernier des agents de liaison motocyclistes, tous étaient pliés à un rythme soutenu.
Nos hommes étaient possédés par le courage, la force et la volonté de combattre jusqu'au bout et, liée à ces vertus militaires, notre rapidité nous a menés à la victoire[1].

---

1. Voir annotations et commentaires en page 136.

Our *SS-Totenkopf-Division* is a rapid division. In a motorised division everything depends on speed. For the enemy, it has to be unpredictable, tough when breaking through, unstoppable, mobile and rapid in pushing on in the offensive and the pursuit. Infantry, artillery, anti-tanks, signals and engineers were all just a cog in the precision mechanism of our division that functioned perfectly despite the unbelievable speed of individual actions. Thanks to our rapidity, we destroyed the enemy's communications and wore down his decision making capabilities. Whether it was the map-printing section, the cooks, divisional staff or the last of the dispatch riders, everyone was part of this sustained rhythm.
Our men were filled with courage, strength and the will to fight until the end and, joined with these military virtues, our rapidity took us to victory[1].

---

1. See remarks and annotations on page 136.

Ein Kommandeur muß es genau wissen; er nimmt die Lage selbst in Augenschein

Un commandant de division, de régiment ou de bataillon doit tout savoir avec précision ; il se rend compte de la situation par lui-même.

A commanding officer must have a precise knowledge of everything : he takes stock of the situation himself.

(Voir annotations et commentaires en page 136)
(See remarks and annotations on page 136)

Schnelle, geländegängige Zugmaschinen bringen unsere Panzerabwehrkanonen in Stellung. Schnelligkeit bedeutet oft schon den Sieg

Rapides, les tracteurs semi-chenillés tout terrain remorquent nos canons antichars jusque sur leurs emplacements de batterie Souvent, la rapidité signifie déjà la victoire.

The rapid cross-country semitrack prime movers tow our anti-tank guns up to their firing positions. Speed often ensures victory.

(Voir annotations et commentaires en page 136)
(See remarks and annotations on pages 136 - 137)

« *Antichar en avant !* ». Tels le diable en personne, les véhicules se ruent vers l'avant et quelques secondes plus tar
mis en batterie dans le virage, le canon antichar est déjà prêt à ouvrir le fe

«Anti-tank gun forward !» Like the devil himself, the vehicles rush forward and a few seconds later, positioned on a ben
the anti-tank gun is already able to open fi

(Voir annotations et commentaires en page 1
(See remarks and annotations on pages 136 - 1

«Pak nach vorn!» — Wie die leibhaftigen Teufel preschen die Fahrzeuge nach vorn, und Sekunden später steht die Pak schon feuerbereit in der Straßenkurve

Flink wie die Wiesel und von unbändiger Angriffslust beseelt sind die Männer der Pak. Jeder Handgriff sitzt, in Sekunden sind sie feuerberei

Vifs comme des écureuils, les servants du canon antichar font montre d'une agressivité très vive.
Chacun d'eux saisissant une poignée, ils seront prêts à ouvrir le feu en l'espace de quelques secondes.

As quick a squirrels, the anti-tank gun crew prove themselves to be very aggressive. Each man grabs a handle, they will be ready to open fire within a few seconds.

(Voir annotations et commentaires en page 13
(See remarks and annotations on page 13

«Fertig zum Schuß!» Mit ein paar alten Säcken und einem verwitterten Holzgestell gut getarnt, hocken die Kameraden hinter ihrer Panzerabwehrkanone

« Prêts à tirer ! ». Nos camarades sont accroupis derrière leur canon antichar, bien camouflé au moyen d'une paire de vieux sacs et d'un support en bois rongé par le temps.

« At the ready !» Our comrades are crouched behind their antitank gun, well camouflaged by a couple of old bags and a time worn wooden building.

(Voir annotations et commentaires en page 137)
(See remarks and annotations on page 137)

Ein erledigter Panzer des Gegners wird genau untersucht. Wo sitzt der maßgebende Schuß? Wie war die Wirkung unserer Geschosse? – Immer wieder lernen!

Un char ennemi que nous avons liquidé est examiné avec soin. Où se situe le coup décisif ? Quel a été l'effet de notre projectile ? Il faut sans cesse en savoir plus.

An enemy tank that we have destroyed is examined carefully. Where did the decisive round hit ? What was the damage inflicted by our projectile ? We must constantly find out more.

(Voir annotations et commentaires en page 13
(See remarks and annotations on page 13

Als brennende Fackel liegt der feindliche Panzer im Walde. In Rauch gehüllt — fertig — aus! Ein glühender Berg aus Eisen und Stahl

Dans le bois, le char ennemi n'est plus qu'une torche embrasée. Il se couvre de fumée, c'est fini... terminé ! Un monticule de fer et d'acier brûlant.

In the wood, an enemy tank is reduced to a fiery torch. It is covered in smoke, it is over, finished, a burning heap of iron and steel.

(Voir annotations et commentaires en page 137)
(See remarks and annotations on page 137)

Page suivante.
Quelle est la situation ? Tout est contenu dans cette question que nos camarades des transmissions répercutent autant qu'ils y répondent. Ils constituent le lien qui, au combat, maintient ensemble toutes les unités engagées.

Next page.
What is the situation ? Everything is in this question that our comrades in signal units pass on as much as they answer. They are the link which, in combat, keeps all the fighting units together.

(Voir annotations et commentaires en page 137)
(See remarks and annotations on page 137)

«Wie ist die Lage?» Alles was in dieser Frage eingeschlossen ist, vermitteln und beantworten unsere Kameraden von den «Nachrichten». Sie sind das Band, das alle Kampfeinheiten im Einsatz zusammenhält

Regimentsgefechtsstand – Hier laufen die Drähte zusammen. Funk, Feldfernsprecher und Melder halten die Verbindung. Meldungen kommen von den Bataillonen, gehen zur Division. Entscheidungen werden getroffen. Befehle gegeben. Vergleichbar mit dem Hirn, das den Gliedern des Körpers seine Befehle erteilt

Hin und her, nach vorn und wieder nach hinten, und immer auf sich selbst gestellt, so brausen die Kradmelder mit ihren Maschinen durch Feindesland

Dans toutes les directions, vers l'avant comme vers l'arrière, les agents de transmissions motocyclistes filent à toute allure sur leurs machines à travers le pays ennemi, ne pouvant compter que sur eux-mêmes.

From all directions, towards the front or to the rear, dispatch riders speed across the enemy country, only able to count on themselves.

Le PC régimentaire, où aboutissent tous les fils. Postes radio, téléphones de campagne et agents de transmissions maintiennent la liaison. Des décisions sont prises, des ordres donnés. Tout cela ressemble à un cerveau adressant ses injonctions aux différentes parties d'un corps.

The regimental headquarters where all the wires lead to. Radio sets, field telephones and dispatch riders maintain the link. Decisions are made and orders given. All of this is akin to a brain sending signals to various parts of the body.

(Voir annotations et commentaires en page 137)
(See remarks and annotations on pages 137 - 138)

Auch die Kartenstelle einer motorisierten Division muß dem Tempo ihrer Einheiten gewachsen sein. Je schneller eine Kampftruppe ist, desto umfangreicher wird auch der Anspruch auf Kartenmaterial sein

La section cartographique d'une division motorisée doit elle aussi être à même de s'adapter à l'allure de ses unités. Plus un groupement tactique est rapide, plus grandes sont ses exigences en matière de matériel cartographique.

The map-printing section of a motorised division must also be able to adapt itself to the speed of its units. The faster the battle group is, the greater its needs concerning maps.

Mitten auf dem Marsch kommen die Kradmelder herangebraust, um die Karten für ihre Einheiten in Empfang zu nehmen

Les agents de transmissions motocyclistes se rapprochent à vive allure du véhicule en marche pour se saisir, sans même s'arrêter, des cartes destinées à leurs unités...

Dispatch riders speed alongside the moving vehicle to grab, without stopping, maps for their units...

(Voir annotations et commentaires en page 138)
(See remarks and annotations on page 138)

... et les remettre au chef d'un détachement avancé à l'issue d'une course mouvementée. Les « troupes rapides » travaillent sur de vastes espaces

...and hand them over to the commander of an advance party at the end of an eventful ride. The 'rapid troops' work over large areas

(Voir annotations et commentaires en page 13
(See remarks and annotations on page 13

und sie dem Führer einer Vorausabteilung nach wilder Fahrt zu übergeben. Schnelle Truppen arbeiten in großen Räumen

Im raschen Vorstoß dringen die Vorausabteilungen in die Ortschaften ein. Im Schutze der Panzerspähwagen wird aufgeklärt oder . . .

Quand ils effectuent des poussées rapides, les détachements avancés traversent des localités.
Les reconnaissances y sont assurées sous la protection des automitrailleuses, voire...

When they carry out rapid drives, the advance parties move through built up areas.
The reconnaissance is undertaken protected by armoured scout cars or....

(Voir annotations et commentaires en page 13
(See remarks and annotations on page 13

. . . vorhandener Widerstand im schnellen Zupacken sofort gebrochen. Die Vorausabteilungen sind Wegbereiter der nachfolgenden größeren Einheiten. Vorwärts! Tempo!

... les résistances existantes immédiatement réduites au cours d'accrochages rapides.
Les détachements avancés précèdent des unités plus importantes, qui les suivent à la trace. En avant ! Plus vite !

... any resistance immediately dealt with in rapid clashes.
The advance parties precede larger units that follow on behind. Forward ! Faster !

(Voir annotations et commentaires en page 138)
(See remarks and annotations on page 138)

Eine Wagensperre wird im Handumdrehen mit einer geballten Ladung in die Luft gejagt. Noch steht schwarzer Qualm über dem Hindernis, da

. . sind unsere ϟϟ-Männer mit ein paar Sprüngen an der Barrikade und reißen mit geübten Griffen das Hindernis zur Seite. Der Weg ist frei

En cinq sec, une charge concentrée fait voler en éclats une barricade dressée à l'aide de véhicules agricoles. Une fumée noire flotte encore sur l'obstacle alors...

In less than no time, a concentrated charge blasts away a barricade made up of farm vehicles. Smoke still hangs over the obstacle whilst......

(Voir annotations et commentaires en page 138)
(See remarks and annotations on page 138)

... qu'en deux bonds nos *SS-Männer* sont sur la barricade et tirent vigoureusement l'obstacle sur le côté avec une maîtrise témoignant de leur expérience. La route est libre.

....in two quick movements, our *SS-Männer* are on the barricade and vigorously pulling the obstacle away to the side in a way that shows their experience. The way is clear.

LKW. folgt auf LKW. Kampfbereit, die entsicherten Waffen in ihren Fäusten, durchstoßen die Gruppen auf ihren Fahrzeugen den Ort

Les camions se suivent. Prêts à intervenir, armes à la sûreté enlevée, les groupes de combat traversent un village sans descendre de leurs véhicules.

Trucks follow up. Ready for action, the safety catches of their weapons off, the infantry sections pass through a village without leaving their vehicles.

(Voir annotations et commentaires en page 138)
(See remarks and annotations on page 138)

Ein paar Schüsse bellen auf. Widerstand? Seitengewehre blitzen matt in der Sonne. Im Nu sind die Männer von ihren Fahrzeugen herunter . . .

Deux coups de feu claquent. Une résistance ? Au soleil, les baïonnettes lancent des reflets mats.
En l'espace d'un éclair, les hommes sont à bas de leurs véhicules...

Two shots ring out. A resistance ?
Bayonets shine dully in the sun. Fast as lightning, the men are out of their vehicles.....

Schnell werden die wichtigsten Punkte mit MG besetzt – Straßen gesichert . . .

Les fusils-mitrailleurs sont rapidement mis en batterie aux points essentiels. Ils couvrent les rues...

The light machine-guns are quickly in position at the key points. They cover the streets....

Haus für Haus gründlich durchsucht, die Gärten «durchkämmt», der ganze Ort gesäubert . . .

L'une après l'autre, les maisons sont fouillées de fond en comble, leurs jardins « ratissés ». Le village est intégralement nettoyé...

One after the other, the houses are thoroughly searched, their gardens 'raked over'. The village is mopped up completely....

(Voir annotations et commentaires en pages 138 - 139)
(See remarks and annotations on page 139)

und die letzten Nachhuten des fliehenden Gegners als Gefangene eingebracht

... et l'ultime arrière-garde de l'ennemi en fuite est faite prisonnière.

...and the last enemy rear-guard is taken prisoner whilst trying to escape.

L'expression du visage et l'attitude de ce chef de patrouille reflètent bien sa tensio

The facial expression and the bearing of this patrol leader clearly shows his tensio

Spannung liegt im Gesichtsausdruck und Haltung des Stoßtruppführers

«Aufsitzen!» Das Dorf ist vom Feinde frei. Nur nicht aufhalten, der Gegner darf nicht mehr zur Ruhe kommen

« *En voiture !* ». Le village est libre d'ennemis. L'adversaire ne doit pas seulement être contenu, il ne doit plus connaître aucun répit.

"*Back in the vehicles!*". The village is free of the enemy. The adversary must not only be contained, he must not have a moment's rest.

(Voir annotations et commentaires en page 13
(See remarks and annotations on page 13

«Weiter!» Dem Feind nachsetzen, immer tiefer wird der Keil in den Gegner getrieben

« *On continue !* ». En lui donnant la chasse, on enfonce toujours plus profondément le coin chez l'adversaire.

« Go on ! » By chasing him, the enemy is pushed even further back against the wall.

(Voir annotations et commentaires en page 139)
(See remarks and annotations on page 139)

In kopfloser Flucht zogen die Engländer in Richtung Dünkirchen ab. In wilder Verfolgungsjagd setzen wir hinter ihnen her, bis wir Bailleul erreichen

Les Anglais se replient sur Dunkerque en une fuite éperdue. Entamant une fougueuse course-poursuite, nous leurs collons aux basques jusqu'à Bailleul.

The British are retreating headlong towards Dunkirk. Chasing furiously, we stay on their tails until Bailleul.

(Voir annotations et commentaires en page 13
(See remarks and annotations on page 13

Unsere Stukas hatten den Tommies in Bailleul fürchterlich «eingeheizt». Die Trümmer des britischen Expeditionskorps blockierten fast sämtliche Straßen der Stadt

Dans Bailleul, nos Stuka avaient effroyablement « secoué les puces » aux Tommies.
Les débris du corps expéditionnaire britannique bloquaient presque toutes les rues de la ville.

In Bailleul, our Stukas gave the 'Tommies' a good beating. The wreckage of the British Expeditionary Force blocks almost every street in the town.

(Voir annotations et commentaires en page 139)
(See remarks and annotations on page 139)

Bailleul ist schon einmal dem Erdboden gleichgemacht worden. Damals, im Weltkriege, zeigte nur noch eine zerschossene Holztafel die Stelle an, wo einst das Städtchen gestanden hatte. Auf Reparationskosten wurde es dann später wieder aufgebaut . . .

Bailleul avait déjà été rasée une fois. A l'issue de la Grande Guerre, l'emplacement où la petite ville s'était trouvée n'était plus signalé que par un panneau de bois criblé de balles. Grâce aux indemnités de réparation, elle avait été reconstruite.

Bailleul had already been destroyed. At the end of the Great War, a bullet-riddled wooden signpost marked where the town had once stood. It was re-built thanks to war reparations.

(Voir annotations et commentaires en page 139
(See remarks and annotations on page 139

Und nun fegte von neuem die Brandfackel des Krieges über Bailleul hinweg. Unsere Wagenkolonnen parkten auf dem Marktplatz, umgeben von Trümmern. Eigenes Verschulden brachte zum zweiten Male das Unglück über Bailleul

Aujourd'hui, les brandons de la guerre avaient à nouveau ravagé Bailleul. Nos colonnes de véhicules s'étaient garées sur la place du marché, environnée de décombres. Pour la deuxième fois, par sa propre faute, le malheur s'abattait sur Bailleul.

Today, war had returned and wreaked havoc once more in Bailleul. Our vehicles parked on the market-place surrounded by ruins.
For the second time, and by its own fault, misery had fallen on Bailleul.

(Voir annotations et commentaires en page 139)
(See remarks and annotations on page 139)

Unsere Kameraden kurz nach dem Einmarsch in Bailleul. Sammeln vor dem Rathaus

«Für Tapferkeit vor dem Feinde!» Der Scharführer unserer Artillerie holte sich sein EK I durch direkten Beschuß bei Le Paradise. Schlichte Tapferkeit fand ihren Lohn

« *Pour bravoure face à l'ennemi* ». Le *Scharführer* du régiment d'artillerie a reçu la Croix de fer de 1re classe pour avoir, au Paradis, atteint son objectif par pointage direct. Le simple courage trouvait ici sa récompense.

"*For bravery in the face of the enemy*". The artillery regiment's Scharführer has been awarded with the Iron Cross 1st Class for having hit his target over open sights at Le Paradis. Straightforward courage was rewarded here.

(Voir annotations et commentaires en pages 139 - 140)
(See remarks and annotations on page 140)

Peu après être entrés dans Bailleul, nos camarades se rassemblent devant l'hôtel de ville.

Shortly after having entered Bailleul, our comrades fall into rank in front of the town hall.

(Voir annotations et commentaires en page 139)
(See remarks and annotations on page 139)

Auf dem Wege nach Boulogne sur mer. Im kleinen französischen Städtchen Marquise grüßten uns Männer in Zivil mit erhobener Hand. «Heil Hitler!» riefen sie uns zu. Es waren verschleppte Holländer, Mussert-Leute, die uns als ihre Befreier freudig begrüßten

Sur la route de Boulogne-sur-Mer, dans la petite ville de Marquise, des hommes en civil nous saluaient le bras tendu. « *Heil Hitler !* » nous criaient-ils. C'étaient des Néerlandais que l'on avait contraints de quitter leur pays, des partisans de Mussert, qui nous accueillaient joyeusement comme des libérateurs.

In the small town of Marquise on the road to Boulogne-sur-Mer, men in civilian clothing raise their arms and shout «*Heil Hitler*».
They were Dutchmen who had been forced to leave their country, followers of Mussert and who joyfully welcome us as liberators.

(Voir annotations et commentaires en page 140)
(See remarks and annotations on page 140)

AM MEER

A LA MER

TO THE SEA

Die Kämpfe im Artois und Flandern liegen hinter uns. In rascher Fahrt stürmen wir dem Meere zu.
Wie hart wurde doch einst im Weltkrieg um dieses Ziel gerungen, den Weg zum Meer. Damals ist es ein Ziel geblieben, welches trotz höchsten Einsatzes nicht erreicht werden konnte. – Wir Kameraden, wir alle, durften nun das vollenden, was unsere Väter einst erstrebten. Wir kämpften uns durch bis zum Meer, zum Kanal.
Durch die hoch aufgetürmten Wolken, die über dem Wasser standen, brachen die letzten Sonnenstrahlen hindurch und überschütteten das Meer mit einer Lichtflut, die reinem Golde glich. Schwarzblau stand das Schattenbild des zertrümmerten Dampfers am Strand.
Erschüttert war ein Kamerad, der schon einmal auf Flanderns Erde gekämpft hatte.
Das Meer – das Meer! – hätten wir doch damals schon . . .!
Die schönen Tage von Boulogne und Ambleteuse folgten. Es waren Tage der Ruhe, Tage der Entspannung. Brausend und kühlend schlugen die Wellen des Kanals gegen Brust und Schultern. Und drüben sahen wir im Leuchten der Abendsonne – ENGLAND!

Les combats d'Artois et de Flandre[1] étaient derrière nous. A marche accélérée, nous nous sommes précipités vers la mer.
La route de la mer, un objectif pour lequel la lutte avait été particulièrement dure au cours de la Grande Guerre.
A l'époque, en dépit de combats terribles, il n'avait jamais pu être atteint. Tous nos camarades et nous,
nous pouvions maintenant réaliser ce à quoi nos pères avaient aspiré. De haute lutte, nous avons atteint la mer, la Manche.
Les derniers rayons du soleil perçaient les nuages qui s'amoncelaient au-dessus de l'eau et répandaient sur la mer un flot de lumière ressemblant à de l'or pur. L'ombre bleu-noir du vapeur fracassé se dressait sur la plage.
Un camarade qui avait jadis combattu sur le sol de Flandre était ému. La mer, la mer ! Nous l'avions dès lors quand même atteinte...
Suivirent les beaux jours de Boulogne et d'Ambleteuse. Ce furent des journées de repos et de détente. Les vagues rafraîchissantes de la Manche se brisaient sur les torses et les épaules en grondant. Et en face, à la lueur du soleil couchant, nous voyions... l'Angleterre !

---

1. Voir annotations et commentaires en page 140.

The fighting in Artois and Flanders [1] was behind us. We marched swiftly towards the sea.
The road to the sea, an objective for which the fight had been particularly hard during the Great War, a period during which, despite terrible battles, it had never been reached. All our comrades and us, we could now achieve what our fathers had strove towards. After a tough fight, we had reached the sea, the Channel.
The last sunrays broke through the clouds gathered over the water and cast a light on the sea that was like pure gold.
The bluish-black outline of a destroyed steamer stood out on the beach. A comrade who years before had fought on the soil of Flanders was moved. The sea, the sea ! We had reached it.
The days that followed at Boulogne and Ambleteuse were good, days of rest and relaxation.
The cooling waves of the Channel broke noisily against our torsos and shoulders. And over there, in the glow of the setting sun, we saw... England !

---

1. See remarks and annotations on page 140.

La Manche.

The English Channel

(Voir annotations et commentaires en page 140)
(See remarks and annotations on page 140)

Am Kanal

Unsere Pak als Küstenschutz am Kanal

Die Männer von der schweren Artillerie besetzten die Küstenbatterien und schossen sich sofort mit den schweren Brocken ein. Dumpf rollte der Donner über das Meer. Bis Kameraden von der Marine-Artillerie zur Ablösung eintrafen . . .

Les canonniers de l'artillerie lourde ont pris possession des batteries côtières et immédiatement mis leurs tirs en place avec de « grosses marmites ».
Le tonnerre grondait lourdement sur la mer, en attendant que nos camarades de l'artillerie de côte de la *Kriegsmarine* viennent les relever...

The gunners of the heavy artillery have taken over the coastal batteries and immediately adjusted their fire with their 'heavies'.
The thunder clapped loudly over the sea whilst awaiting to be relieved by their *Kriegsmarine* coastal artillery comrades..

(Voir annotations et commentaires en page 140)
(See remarks and annotations on page 140)

Nos canons antichars, affectés à la protection des côtes de la Manche.

Our anti-tank guns covering the Channel coast.

(Voir annotations et commentaires en page 140)
(See remarks and annotations on page 140)

Sie haben ihre Meister gefunden. Und ihr übermütiges Lied von der «Siegfriedlinie» vergaßen die gefangenen Engländer schnell

Ils ont trouvé leur maître. Ces prisonniers anglais oublieront vite leur insolente chanson sur la « Ligne Siegfried »

They have discovered their master. These British prisoners will soon forget their insolent song about the 'Siegfried Line'.

(Voir annotations et commentaires en page 140 - 14
(See remarks and annotations on page 14

(Voir annotations et commentaires en page 141)
(See remarks and annotations on page 141)

Sie kämpften Schulter an Schulter, Weiße und Farbige! — Kameraden?

Ils ont combattu côte à côte, Blancs et hommes de couleur ! Des camarades ?

They fought side by side. White and coloured men. Comrades ?

(Voir annotations et commentaires en page 141)
(See remarks and annotations on page 141)

So war das Ende!

Telle fut la fin.

This was the end.

(Voir annotations et commentaires en page 141)
(See remarks and annotations on page 141)

PAPA EICKE

Das ist der Name, den ihm seine Männer gegeben haben.

Das ist sein Ehrenname.

ϟϟ-Obergruppenführer Eicke, der Kommandeur der ϟϟ-Totenkopf-Division,

ist zum Vater seiner Männer geworden.

Er ist ihnen ein väterlicher Freund in ernsten und in frohen Tagen.

Hart und fest im schweren Kampf, aufgeschlossen und von herzlicher Güte,

wenn er sich persönlichen Dingen seiner Männer widmen kann,

UNSER PAPA EICKE

« Papa Eicke »
C'est le nom que ses hommes lui ont donné.
C'est un nom chargé d'honneur.
Le *SS-Obergruppenführer* Eicke, le commandant de la *SS-Totenkopf-Division*, est devenu le père de ses hommes.
Il est pour eux l'ami paternel des bons et des mauvais jours.
Inflexible et dur au plus fort du combat, mais ouvert et d'une affectueuse bienveillance
quand il peut se consacrer aux problèmes personnels de ses hommes, tel est

notre « Papa Eicke ».

'Papa Eicke'
This was the name bestowed upon him by his men.
It is a name laden with honour.
SS-Obergruppenführer Eicke, the commander of *SS-Totenkopf-Division*, has become a father to his men.
For them he is the paternal friend in good times as well as bad.
Unbendable and hard at the height of the battle, but open and affectionately benevolent when he is able to deal
with his men's personal problems, that is how he is,

our 'Papa Eicke'.

Dieses Buch ist eine Gemeinschaftsarbeit

der ϟϟ-Kriegsberichter:

HERMANN EGE · KARL F. BAUER

HERBERT BONDA

Herausgegeben vom ϟϟ-Führungshauptamt

Ce livre est l'œuvre commune
des correspondants de guerre SS
Hermann Ege, Karl F. Bauer
et Herbert Bonda.
Edité par le *SS-Führungshauptamt*.

This book is the combined work
of SS war correspondents Hermann Ege,
Karl F. Bauer and Herbert Bonda.
Published by the SS-Führungshauptamt.

Annotations et commentaires

Remarks and Annotations

Page 16

L'expression de l'officier général reflète bien sa contrariété du moment. Le fait d'avoir attendu une semaine son ordre de marche définitif après le déclenchement de l'offensive tant attendue l'a déjà mis hors de lui. Et le 18 mai, traversant le Limbourg, les provinces de Liège et de Namur, puis le Hainaut, pour rejoindre au plus vite le XVe corps d'armée motorisé en Artois, ses colonnes sont sans cesse bloquées aux carrefours des routes empruntées par les troupes du groupe d'armées B, marchant vers l'ouest. Jaillissant de son luxueux cabriolet Mercedes-Benz 540 K, le *SS-Gruppenführer* Eicke a maintes fois des altercations orageuses avec des officiers de la *Heer* lui refusant le passage !

The look on the general officer's face reflects his annoyance at the time. Having had to wait for his movement order, with the much awaited great offensive already under way for over a week, has made him livid. On May 18, whilst crossing the regions of Limburg, Liege and Namur, then the Hainaut, whilst trying to reach as fast as possible the motorised XV army corps in the Artois, he finds his columns constantly held up at crossroads used by troops of Army Group B heading west.

Leaping out of his luxurious Mercedes-Benz 540 K cabriolet, *SS-Gruppenführer* Eicke has had many stormy confrontations with Army officers who refused to let him pass !

Page 18

Un cordon interminable ? De fait, quand, dans la nuit du 12 au 13 mai, la division fait mouvement des environs de Kassel jusqu'au nord-est de Cologne, ses colonnes motorisées s'étalent sur près de 30 kilomètres.

A never-ending column ? In actual fact, during the night of 12 - 13 May, the Division advanced near Kassel to the north-east of Cologne, with its motorised columns spread out over nearly 30 kilometres.

Page 18 (texte)

Le 21 mai, la 2e compagnie du bataillon du génie, deux antichars de 37 et une batterie du IIIe groupe du régiment d'artillerie ont en effet contribué à enrayer le recul du IIIe bataillon du *SS-T-Inf.-Rgt. 3 (mot)* et stoppé les chars britanniques à l'aide de mines près de Beaumetz-les-Loges et de Simencourt. Ce fut à l'initiative du commandant du *SS-T-Pionier-Btl.* (mot), le *SS-Sturmbannführer* Heinz Lammerding, celui-là même qui commandera la division *SS « Das Reich »* en 1944. Il fut de ce fait le premier membre de la *SS-T-Division* décoré de la Croix de fer de 1re classe, très chichement attribuée aux hommes du *SS-Gruppenführer* Eicke en 1940.

On 21 May, the 2nd company of the engineer battalion, two 37 mm anti-tank guns and a battery of the 3rd battalion of the artillery regiment, helped stem the retreat of the 3rd battalion of the *SS-T-Inf.-Rgt. 3 (mot)*, stopping the British tanks with the help of mines near Beaumetz-les-Loges and Simencourt. This was carried out by the commander of *SS-T-Pionier-Btl. (mot)*, *SS-Sturmbannführer* Heinz Lammerding, who would go on to command the 'Das Reich' SS division in 1944. For this action he became the first member of the *SS-T Division* to be decorated with the Iron Cross 1st Class, a medal that was awarded very sparingly to the men of *SS-Gruppenführer* Eicke in 1940.

Page 20

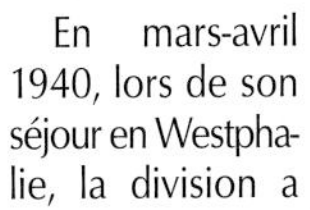

En mars-avril 1940, lors de son séjour en Westphalie, la division a apparemment acquis, dans le cadre de la 2e armée du général von Weichs, les capacités opérationnelles d'une grande unité motorisée, qui lui faisaient jusqu'alors défaut. La photo aurait pu être prise le 18 mai en Belgique quand, leurs colonnes bloquées aux carrefours par des embouteillages, les *SS-Schützen* pressés d'arriver au front injurient copieusement les fantassins à pied de la *Heer* qui leur bloquent le passage !

L'on reconnaît ici, grâce à ses ridelles, un Opel-Blitz de 3 tonnes, transportant un groupe de combat d'infanterie au complet *(voir à ce propos infra les précisions relatives aux photos des pages 108 et 109)*. En tant que fusiliers-voltigeurs, ces hommes ont tous perçu les prestigieux effets de toile bariolée, livrés en priorité à l'effectif combattant. Celui-ci a été largement mais pas intégralement servi, le dépôt d'habillement de Dachau n'ayant pu fournir que 9 000 blouses à la division entre janvier et juin 1940. En revanche, les couvre-casques ont été plus généreusement distribués.

During its stay in Westphalia in March-April 1940, the Division apparently acquired, as part of *General* von Weichs' 2nd Army, the operational capabilities of a motorised formation that it had been previously lacking. The photo could have been taken on 18 May in Belgium when their columns were blocked by traffic jams at crossroads. The *SS-Schützen* were in a hurry to get to the frontline and swore copiously at the Army foot soldiers that were blocking their way !

We can identify here, thanks to its slatted sides, a 3-tonne Opel Blitz, transporting a full infantry section *(see below the details concerning photos of pages 108 and 109)*. Due to their role, these men have all been issued with the prestigious camouflage clothing, only handed out to combat troops. Most of them, but not all, received it , the clothing depot at Dachau being only able to supply 9,000 smocks to the Division between January and June 1940. Helmet covers, on the other hand, were issued in larger numbers.

Page 21

Le 19 mai au petit matin, six jours après que le *Panzergruppe* Kleist ait déclenché son attaque foudroyante, le *SS-T-Inf.-Rgt. 1(mot)*, renforcé de la 4e batterie du régiment d'artillerie, de la 1re compagnie du bataillon du génie et d'éléments de la compagnie de canons d'infanterie du SS-T-Inf.-Rgt. 2, est la première formation divisionnaire à franchir cette frontière au sud-ouest de Beaumont (Hainaut), entre Grandrieu et Hestrud et entre Sivry (où le *SS-Gruf. Eicke* installe son PC) et Beaurieux. Conformément à un ordre du bureau des opérations du XVe corps d'armée motorisé du même jour, le régiment a l'ordre de gagner au plus tôt le secteur de la 7e Panzerdivision, à laquelle il sera tactiquement rattaché dès son arrivée, pour dégager une zone menacée entre Le Cateau et Landrecies, en Artois.

L'organisation bétonnée qu'ils découvrent, et que d'autres unités de la division franchiront le lendemain matin, se trouve en fait en deçà de la frontière, à hauteur de Solre-le-Château. Ses défenseurs appartenaient aux IIe et IIIe bataillons du 84e régiment d'infanterie de forteresse. Ce furent les chars des 7e et 5e Panzerdivisionen qui forcèrent le passage les 16 et 17 mai et contrairement à ce que dit la légende de la photo, les fantassins français se sont fort bien défendus avant de céder ou de se replier sur ordre supérieur (Voir *Hommes et ouvrages de la ligne Maginot* de J.-Y. Mary et A. Hohnadel, tome 3, pp.162-163. *H&C, 2003*).

Au premier plan, une moto side-car BMW R 12 de 750 cm³, construite depuis 1935 pour l'usage militaire. L'engin des deux compagnies de fusiliers-motocyclistes du groupe de reconnaissance divisionnaire et partant son outil le plus fréquent. Celui-ci jalonne vraisemblablement l'itinéraire des unités.

At daybreak on May 19, six days after Panzergruppe Kleist had launched its lightning attack, *SS-T-Inf.-Rgt. 1(mot)*, reinforced by the 4th battery of the artillery regiment, the 1st company of the engineer battalion and infantry guns of *SS-T-Inf.-Rgt. 2*, was the first formation of the Division to cross the border south-west of Beaumont (Hainaut), between Grandrieu and Hestrud and between Sivry (where SS-Gruf. Eicke set up his headquarters) and Beaurieux. Following an order from the operations cell of the motorised XV army corps issued the same day, the regiment was ordered to reach, as soon as possible, the sector of the 7th Panzerdivision, to which it would be tactically attached upon its arrival, in order to clear an area under threat situated between Le Cateau and Landrecies in the Artois.

The concrete defences that they discovered, crossed by other units of the Division the following day, were in fact situated behind the border near Solre-le-Château. The defences were manned by the 2nd and 3rd battalions of the 84th 'Régiment d'Infanterie de Forteresse'. In actual fact, it was the tanks of the 7th and 5th Panzerdivisionen that broke through on 16 and 17 May and contrary to what the photo caption states, the French soldiers fought well before being overwhelmed and withdrew after being ordered to (see *Hommes et ouvrages de la ligne Maginot* by J.-Y. Mary and A. Hohnadel, tome 3, pp.162-163. *H&C, 2003*).

In the foreground we can see a BMW R 12, 750 cm³ motorcycle with sidecar that had been made for the military since 1935. A vehicle used by the two motorcycle rifle companies of the reconnaissance battalion and consequently its most used tool. In all likelihood, this one guides the route of the units.

Page 22

La scène se situe-t-elle au sud d'Arras vers le 21 mai ? Au premier plan, un agent de transmissions sur une motocyclette moyenne DKW-NZ de 350 cm³ , construite pour l'usage militaire depuis 1938. Au second, une voiture moyenne tous terrains Adler type 3 Gd, l'un des douze modèles de *Kübelwagen* (« voitures-baquets ») également construites pour l'usage militaire et qui remplissent alors différents rôles, avec le n° d'emploi Kfz. 11 [9 dans chaque *SS-T-Inf.-Rgt. (mot)*] ou Kfz. 12 (théoriquement 57 par régiment, pratiquement bien moins).

Notons, sur l'aile du cabriolet visible à l'arrière-plan à droite, le signe tactique avec les lettres *KB*, pour *Kriegsberichter* (correspondant de guerre), un véhicule de l'unique *SS-KB-Kompanie* motorisée des *Waffen-SS*, dont la 2e section accompagne en permanence la division lors de la campagne de mai-juin 1940 *(voir à ce sujet infra les précisions relatives au texte de la page 52)*.

Does this scene take place south of Arras on May 21 ? In the foreground we can see a dispatch rider on a medium DKW-NZ 350 cm³ motorcycle, made for the military since 1938. There is also a cross-country Adler type 3 Gd vehicle, one of the twelve *Kübelwagen* ('bucket seat car') models also built for the military for various roles with the use number Kfz. 11 [9 in each SS-T-Inf.-Rgt. (mot)] or Kfz. 12 (in theory 57 per regiment, in reality much less).

Note the tactical insignia with the letters *KB* on the wing of the cabriolet on the right in the background. They stand for *Kriegsberichter* (war correspondent), this vehicle being from the only motorised *Waffen-SS KB-Kompanie*, whose 2nd platoon was permanently attached to the Division during the campaign of May-June 1940 *(see below details relative to the text page 52).*

Page 23

Une photo prise le 18 mai lors de la traversée de la Belgique, au cours de laquelle les hommes du *SS-Gruppenführer* Eicke découvrent à partir de Tongres (Limbourg) le décor qui les attend plus avant : des villes ravagées par la guerre, des ponts hâtivement réparés... Apparaît ici une camionnette tous terrains Krupp L 2 H 143, dite communément « Krupp-Protze » (avant-train Krupp), dans sa configuration la plus commune (n° d'emploi Kfz. 69), celle de tracteur de *Panzerjägerkanone* de 37. Alors qu'elle est habituellement affectée à cette fonction dans les bataillons antichars divisionnaires, elle la remplit à la *SS-T-Division* dans les compagnies antichars des trois régiments d'infanterie motorisés à la place de simples Kübelwagen. Si l'on en croit W. Vopersal, l'historien le plus précis de la division, il s'agit dans le cas présent de celle du *SS-T-Inf.-Rgt. 2 (mot)*. A la camionnette est accrochée une remorque spéciale modèle 32 transportant des munitions (une pour chaque pièce, soit douze par compagnie).

A photo taken whilst passing through Belgium on 18 May, where *SS-Gruppenführer* Eicke's men discover, from Tongres (Limburg) onwards, the devastation of war with its destroyed towns and hastily repaired bridges. Seen here is a cross-country Krupp L 2 H 143 light truck, commonly known as the 'Krupp-Protze' (Krupp limber), in its most common configuration (use number Kfz. 69), that of a tractor for the 37 mm *Panzerjägerkanone* gun. Although it usually carried out this role in the divisional anti-tank battalions, it was used by the *SS-T-Division* in the anti-tank companies of the three motorised infantry regiments in place of the Kübelwagen. If we are to believe W. Vopersal, the most accurate of the Division's historians, the truck here is of *SS-T-Inf.-Rgt. 2 (mot)*. It is pulling a special model 32 trailer for ammunition (one for each gun, that is twelve for each company).

Page 24

Apparaît ici une « voiture-baquet » tous terrains d'un autre modèle, une Wanderer W 23 S, d'une unité d'infanterie divisionnaire. Les capacités en tous terrains de ces Kübelwagen étaient toutes théoriques, bien inférieures à celles de la Volkswagen Typ 82 qui allait les remplacer en partie dès l'année suivante ! Dans sa version de véhicule de commandement (Kfz. 11), une est allouée à l'état-major du bataillon et une à chaque compagnie de fusiliers-voltigeurs ; la compagnie de mitrailleuses et mortiers en aligne pour sa part cinq.

Une photo prise à Béthune, comme celle de la page suivante ?

This is another model of 'bucket-seat' vehicle, the Wanderer W 23 S, belonging to a divisional infantry unit. The cross-country capabilities of these Kübelwagen were all theoretical and well inferior to those of the Volkswagen Typ 82 that started to replace them the following year ! In its command car configuration (Kfz. 11), one vehicle was allocated to the staff of a battalion and one to each rifle company ; the machine-gun companies had five.

A photo taken at Béthune, like that of the following page ?

Page 25

La scène se en réalité situe plus tardivement, plus loin et dans un autre contexte que le sous-entend la légende du cliché. L'on se trouve en effet à Béthune (Pas-de-Calais), dont l'on reconnaît à l'arrière-plan à droite le beffroi caractéristique et la haute façade de l'hôtel de ville. Longeant la longue place du Maréchal-Joffre, marchant en direction du nord-est, ces colonnes de fantassins atteignent juste le pont qui permet de franchir le canal d'Aire ou de La Bassée. Au premier plan apparaissent sans doute les travaux de retranchement faits par l'infanterie de la *4e Panzerdivision* sur sa ligne principale de résistance, dont les avant-postes se situaient sur l'autre rive. De ce fait, si plusieurs maisons portent les traces de la guerre (l'artillerie britannique ?), la chaussée a été bien dégagée, plus aucune épave ni matériel abandonné ne traîne... Béthune se trouvant dès le 25 mai hors du secteur de la *SS-T-Division*, quelles peuvent être ces troupes qui, ayant provisoirement quitté leurs camions, progressent quand même en évitant le milieu de la chaussée, sinon le IIIe bataillon du *SS-T-Inf.-Rgt. 1 (mot)* gagnant la rive nord du canal le 28 mai au matin par un itinéraire détourné ? Le gros de la division s'y est sévèrement battu la veille et les deux premiers bataillons du régiment sont déjà sur place depuis la nuit.

The scene in fact takes place later, further on and in another context than that suggested by the caption. It is in actual fact the town of Béthune (Pas-de-Calais), recognisable by its characteristic belfry and the tall facade of the town hall. Marching north-east, up the long Maréchal-Joffre square, the infantrymen just reach the bridge spanning the Aire or La Bassée canal. The foreground no doubt shows the signs of digging in by the infantry of the 4th Panzerdivision along its main position, whose out-posts are on the other bank. Several houses have been damaged (British artillery ?), the road has been cleared and there is no sign of destroyed vehicles or abandoned equipment. From 25 May onwards, Béthune was outside of the *SS-T-Division* sector, so who can these troops be, having temporarily left their trucks, advancing by avoiding the middle of the road, except for the 3rd battalion of *SS-T-Inf.-Rgt. 1 (mot)* reaching the northern bank of the canal in the morning of May 28 by a roundabout route ? The bulk of the Division had been involved in heavy fighting the previous day and the regiment's two first battalions had been there since nightfall.

Page 26

Continuer à pied ? Une affirmation pour le moins curieuse, sachant que la division étant entièrement motorisée, tous les déplacements s'effectuent en camion, sauf à proximité immédiate de l'ennemi. Est-ce réellement le cas ici ? En effet, la scène ne saurait se situer qu'en juin, sinon plus tard encore, après l'armistice, comme en témoigne l'architecture des maisons plus méridionale qu'artésienne.

Continue on foot ? This is a rather curious claim, given that the Division was totally motorised and that movement was carried out in trucks, except when very close to the enemy. Is this really the case here ? Indeed, the scene can only take place in June, or even later, after the Armistice, which is underlined by the architecture of the houses that are more southern in style than those of the Artois.

Page 27

L'*Allgemeine SS*, en tant qu'organisation du NSDAP, n'admettait que des membres sélectionnés sur le plan physique, racial et idéologique. Les véritables SS en quelque sorte, identifiés par un *SS-Nummer* et revêtant à l'occasion l'uniforme noir. L'on y adhérait toutefois comme à une formation politique, en restant dans ses foyers et en continuant d'exercer son activité professionnelle. En 1940, moins de la moitié des membres des *Waffen-SS* en font partie.

Selon les décrets en vigueur, ceux des membres de l'*Allgemeine SS* qui avaient la position de réservistes dans la *Wehrmacht* – ou qui avaient reçu une instruction accélérée dans les unités de complément des SS-TV s'ils appartenaient aux « classes blanches » –, pouvaient être rappelés dans ces mêmes SS-TV en cas de mobilisation, en tant que « renforcements de police ». Pour compléter les unités de la *SS-T-Division*, pourtant promise à un rôle purement militaire, il fallut bien torturer un peu les textes et recourir à eux. Ils constituèrent finalement plus de la moitié de l'effectif. Mais, contrairement à ce qui est écrit ici, ils n'étaient pas vraiment volontaires ! En mai 1940, les plus jeunes ont 28 ans et près de 2 000 – 9,3 % de l'effectif divisionnaire – ont entre 40 et 43 ans ! Au vrai, la présence d'hommes de troupe de cet âge dans une division de campagne motorisée des « troupes rapides » constitue pour la Wehrmacht une anormalité. En effet, si les divisions d'infanterie de la *Heer* dites de 3e vague mobilisées en 1939 se composent elles aussi, quoique dans leur cas majoritairement, de personnels d'âge mûr, c'est-à-dire de réservistes de la *Landwehr* âgés de 35 à 45 ans, elles ont pour leur part une vocation défensive.

Une grande partie des réservistes de l'*Allgemeine* SS affectés à la *SS-T-Division* – 6 000 hommes – sera démobilisée à l'issue de la campagne de mai-juin 1940. Il y avait quand même eu des cas de défaillance physique et nerveuse.

As part of the NSDAP, the personnel of the Allgemeine SS were chosen for their physical, racial and ideological criteria. In a way, these were the real SS, identified by a *SS-Nummer* and occasionally wearing the black uniform. However, it was joined as a political organisation, allowing one to remain at home and carry on with one's profession. In 1940, less than half of the *Waffen-SS* were members.

According to the decrees in force, men of the *Allgemeine SS* who were Wehrmacht reservists, or who had received a fast-track military training within SS-TV expansion units if they belonged to the year groups that had been exempt from military service, could be called up to serve in the SS-TV in the event of mobilisation as 'police reinforcements'.

In order to fill the units of the *SS-T-Division*, destined for a purely military role, the rules were bent and these men were called upon, eventually making up more than half of the Division. However, contrary to what is written here, they were not exactly volunteers ! In May 1940, the youngest were 28 years old and nearly 2,000, 9.3 % of the Division'strength, were aged between 40 and 43 ! In reality, the presence of soldiers of this age in a motorised field division was abnormal within the Wehrmacht. Indeed, if the so called 3rd wave Army divisions mobilised in 1939 were also made up of fairly old personnel, that is Landwehr reservists aged between 35 and 45 (this was mostly the case for these divisions), their role was a purely defensive one.

A large part of the Allgemeine SS reservists sent to the SS-T-Division – 6,000 men – were demobbed at the end of the May-June campaign of 1940. There had even been cases of men who were not up to the task physically and mentally.

Page 28

Ce PzKpfw IV type C ou D appartient à la 3e compagnie du *Panzerregiment 25*, le régiment de chars organique de la

7e *Panzerdivision*, la fameuse « division fantôme » du *Generalmajor* Rommel. Entre le 19 et le 22 mai, celle-ci et la *SS-T-Division* sont rattachées ensemble au XVe corps d'armée motorisé du *General der Infanterie* Hoth, puis au XXXIXe du *Generalleutnant* Schmidt. Elles sont engagées côte à côte lors des combats livrés près du Cateau les 19 et 20 mai et au sud d'Arras le 21.

This type C or D PzKpfw IV belongs to the 3rd company of *Panzerregiment 25*, the organic tank regiment of the 7th Panzerdivision, the famous 'Ghost Division' led by *Generalmajor* Rommel. Between May 19-22, this division and the *SS-T-Division* were both attached to the motorised XV Army Corps commanded by *General der Infanterie* Hoth, then to the XXXIX Corps of *Generalleutnant Schmidt*. They fought side by side during the fighting near Le Cateau on May 19-20 and south of Arras on the 21st.

Page 29

Si les fusils de ces fusiliers-voltigeurs, mis en faisceaux, sont bien des Karabiner 98k allemandes, le fusil-mitrailleur MG 26 (t) ou MG 30 (t) du groupe de combat – ex-ZB 26 ou ZB 30 – reposant sur son bipied, est par contre une arme de fabrication tchécoslovaque, comme toutes les armes automatiques collectives livrées à la division.

Although the stacked rifles of these riflemen are German made Karabiner 98k, on the other hand, the section's MG 26 (t) or MG 30 (t) light machine-gun, a former ZB 26 or ZB 30, resting on its bipod, is a Czechoslovakian-made weapon as were all the crew-served automatic weapons issued to the Division.

Page 30

Ce sous-officier fait partie de la *Feldgendarmerie-Trupp* divisionnaire du *SS-Obersturmführer* Seitz, créée le 20 décembre 1939 à Heilbronn.

La chaussée ayant déjà été soigneusement déblayée, il s'agit ici encore d'un déplacement assez éloigné de la ligne de contact.

This NCO is from the divisional *Feldgendarmerie-Trupp* commanded by *SS-Obersturmführer* Seitz, created on 20 December 1939 at Heilbronn. The road has already been cleared and once more, this photo illustrates men on the move quite a way behind the frontline.

Page 32 (texte)

Le grade d'*Obercharführer* équivaut à celui d'adjudant. Ce sous-officier, le *SS-Scharführer* Karl Supp, détenait en fait le grade inférieur *(voir sa photo en page 115)*. L'affaire se situe le 27 mai dans l'après-midi quand, une fois le canal franchi par le gros de la division, le Ier bataillon du *SS-T-Inf.-Rgt. 2 (mot)* se trouve bloqué devant le hameau du Paradis par les tirs du *2nd Royal Norfolk Regiment*. Ses mortiers de 80 s'avérant inopérants, le *SS-Sturmbannführer* Fortenbacher demande l'appui direct d'un obusier que le sous-officier va rameuter à toute allure à l'ouest du Cornet-Malo. On lui alloue la 2e pièce de la 7e batterie du *III./SS-T-Artilllerie-Rgt. (mot)*, un matériel de 100 mm Skoda, dont les obus parviennent à incendier des bâtiments de la ferme Duries, PC du bataillon britannique, à neutraliser au moins quelques nids de mitrailleuses et snipers. Au vrai, ce fut surtout l'œuvre du chef de pièce, le *SS-Unterscharführer* Hermann Senkter, et de son pointeur, le ***SS-Rottenführer*** Erlebach. Reste que plusieurs servants furent blessés par les mitrailleuses adverses et que la pièce finit par s'embourber dans le sol détrempé, sans pouvoir être dégagée ni continuer de tirer efficacement !

The rank of *Obercharführer* is more or less equivalent to that of a 2nd Warrant Officer in the British Army. This NCO, *SS-Scharführer* Karl Supp, was in fact of a rank just below *(see his photo on page 115)*. The action took place in the afternoon of May 27 when, once the canal had been crossed by the bulk of the Division, the 1st battalion of *SS-T-Inf.-Rgt. 2 (mot)* found itself pinned down by the 2nd Royal Norfolk Regiment. With his 80 mm mortars having no effect, *SS-Sturmbannführer* Fortenbacher asked for the direct fire support of a howitzer. The weapon was speedily brought forward by the NCO to the west of Le Cornet-Malo. The allocated gun was the second Skoda made 100 mm howitzer of the 7th battery, *III./SS-T-Artillerie-Rgt. (mot)*. Its shells managed to set fire to the buildings of the Duries farm where the Norfolks had their HQ and knocked out a few snipers and machine-gun nests. In reality, this was, above all, the work of the chief of piece section, *SS-Unterscharführer* Hermann Senkter, and his gun-layer, *SS-Rottenführer* Erlebach. Several artillerymen were wounded by enemy machine-gun fire and the gun ended up getting bogged down in the wet ground, impossible to pull out or go on firing properly !

Page 33

Cette colonne de « Krupp-Protzen » tractant des Pak de 37 *(voir à ce propos nos commentaires relatif à la photo de la page 23)* appartient à la 14e compagnie antichar de l'un des trois régiments d'infanterie. Le 21 mai, à l'ouest de Mercatel, au sud d'Arras, celle du *SS-T-Inf.-Rgt. 3 (mot)*, aux ordres du *SS-Hauptsturmführer* Hartrampf, appuyant le IIIe bataillon du régiment conjointement avec les six chars PzKpfw 35 (t) du *SS-T-Aufkl.-Abt.*, parvient à stopper les chars Matilda I de la *1st Army Tank Brigade* mais reste inopérante face aux Matilda II. Elle perd deux canons et huit tués.

This column of 'Krupp-Protzen' pulling Pak 37 guns *(refer to text concerning the photo on page 23)* belong to the 14th anti-tank company of one of the infantry regiments. On May 21, to the west of Mercatel, south of Arras, the anti-tank company of SS-T-Inf.-Rgt. 3 (mot), commanded by SS-Hauptsturmführer Hartrampf, supporting the 3rd battalion along with the six PzKpfw 35 (t) tanks of SS-T-Aufkl.-Abt., managed to stop the Matilda I tanks of the 1st Army Tank Brigade, but was ineffective against the Matilda II. It lost two guns and eight men were killed.

Page 34

Figure ici au centre (avec lunettes dites « de motocycliste » sur sa casquette), le *SS-Sturmbannführer* Hans Sander, commandant le IIIe groupe du régiment d'artillerie divisionnaire, entouré d'officiers d'artillerie ou d'infanterie. Observant la règle fixée pour la *SS-T-Division*, il porte la tête de mort sur ses deux pattes de collet.

Seen here in the centre (with the so-called 'motorcyclist' goggles on his cap), surrounded by artillery or infantry officers, is *SS-Sturmbannführer* Hans Sander, commander of the 3rd battalion of the divisional artillery regiment. Adhering to the SS-T-Division regulations, he wears the death's head on both collars.

Page 35

Du 24 au 27 mai, la division occupe des positions au sud du canal de La Bassée. Selon l'ordre divisionnaire du 25, qui envisage une contre-attaque britannique, les quatre groupes de l'artillerie divisionnaire ont pour mission d'effectuer des tirs de concentration en avant de l'ensemble du secteur, principalement sur les ponts, mais aussi des tirs de destruction sur d'éventuelles positions de départ de l'ennemi, des tirs de harcèlement sur les objectifs adéquats de ses arrières et des tirs d'arrêt, tout en soutenant les avant-postes installés sur la rive nord. Dans son propre secteur, la *SS-T-Division* bénéficie également de l'appui de deux groupes des réserves générales de la *Heer* dotés d'obusiers lourds de 150 mm et de canons de 100 mm *(II./Art.-Rgt. 40*, appuyant le *SS-T-Inf.-Rgt. 2*, et *IV./Art.-Rgt. 258*, appuyant le *SS-T-Inf.-Rgt. 3)*.

On May 24-27, the Division occupied positions south of the La Bassée canal. Following the divisional orders of May 25, that foresaw the possibility of a British counter-attack, the four divisional artillery battalions were tasked with laying down concentrated fire to the front of the entire sector, mostly on bridges, but also destruction fire aimed at destroying possible enemy jumping off points, harassing fire on valuable targets behind its main line and blocking fire, whilst at the same time supporting the out-posts on the northern bank.

In its own sector, the *SS-T-Division* was also supported by two Army GHQ battalions equipped with heavy 150 mm howitzers and 100 mm guns (*II./Art.-Rgt. 40*, supporting *SS-T-Inf.-Rgt. 2*, and *IV./Art.-Rgt. 258*, supporting *SS-T-Inf.-Rgt. 3*).

Page 36

L'obusier tchécoslovaque Skoda de 100 mm modèle 1930 *(10 cm houfnice vz. 30)*, rebaptisé *10 cm lFH 30 (t)* en ayant repris du service dans la Heer allemande, a été livré au IIIe groupe du régiment d'artillerie de la *SS-T-Division*. Le Ier groupe a par contre reçu des canons Skoda de 76,5 mm vz. 30 rebaptisés 76,5 cm Feldkanonen 30 (t), dotés du même affût que le précédent, et le IIe groupe, détaché de la SS-VT, a conservé ses obusiers de 105 mm allemands lFH 18.

Le 21 mai, au sud d'Arras, pointés directement sur les chars Matilda que les canons antichars de 37 ont bien du mal à percer, les obusiers du *III./SS-T-Artillerie-Rgt. (mot)* contribuent à sauver la situation en même temps que les canons de Flak de 88 de la Luftwaffe et les stukas. Sur le front du canal de La Bassée, du 24 au 27 mai, en position près des fermes ou hameaux de Bellerive et du Cauroy, appuyant le *SS-T-Inf.-Rgt. 2 (mot)* dans le sous-secteur de gauche, ils jouent également un rôle prépondérant, cette fois en tant que pièces d'artillerie. Ils dirigent surtout leurs tirs sur Le Cornet-Malo et Le Paradis. Les obusiers de l'adversaire, en même temps que ses mortiers, ne cesseront de leur côté de harceler les positions de la division les 25 et 26 mai.

Notons que ces canonniers n'ont pas perçu les effets de camouflage bariolés, livrés par le dépôt de Dachau en quantités trop faibles, comme cela a été signalé plus haut, pour que l'effectif combattant puisse en être intégralement équipé.

The Czechoslovakian 100 mm Skoda howitzer, model 1930 *(10 cm houfnice vz. 30)*, re-named *10 cm lFH 30 (t)* when it entered into service with the German Army, was issued to the 3rd battalion of the SS-T-Division's artillery regiment. The 1st battalion, on the other hand, received 76.5 mm vz. 30 Skoda guns, re-named *76.5 cm Feldkanonen 30 (t)*, equipped with the same carriage as the previous gun. The 2nd battalion, detached from the SS-VT, retained its German manufactured 105 mm lFH 18 howitzers.

On May 21, south of Arras, the 37 mm anti-tank guns found it difficult to knock out the Matilda tanks, the howitzers of *III./SS-T-Artillerie-Rgt. (mot)* firing over open sights helped save the situation, along with the 88 mm anti-aircraft guns and the Stukas of the Luftwaffe.

On May 24-27, with the frontline along the La Bassée canal, the 100 mm Skoda howitzers were placed near the farms or hamlets of Bellerive and Cauroy, supporting *SS-T-Inf.-Rgt. 2 (mot)* in the left sub-sector where they also played an essential role, but this time as artillery pieces. Above all, they laid their fire on Le Cornet-Malo and Le Paradis. For their part, the enemy howitzers and mortars constantly fired on the Division's positions on May 25-26.

Note that the artillerymen have not been issued with camouflage clothing supplied by the Dachau depot, that did not arrive in adequate quantities, something which was noted higher, up so that all fighting troops could be issued with it.

Page 37

Le canon de DCA de 88 mm modèle 18, dont un exemplaire figure ici à l'arrière-plan en position de tir terrestre, est officiellement bivalent. Un matériel alors entièrement dévolu à la Luftwaffe. Au sud d'Arras, le 21 mai, il a contribué à redresser la situation face aux chars britanniques et l'on s'attend à ce qu'il remplisse le même rôle près du canal de La Bassée, là où cette photo a manifestement été prise. Mais ce ne sera pas le cas. Du 25 au 27 mai, la *SS-T-Division* bénéficie dans ce secteur de l'appui d'un groupe mixte motorisé, le *I./Flak-Regiment 6 (gem. mot.)*, rattaché à l'état-major du *Flak-Rgt. 201* du *II*[e] *Flakkorps*. Alignant des pièces de 20 et de 88 mm, il est déployé au nord et au nord-est de Chocques, entre Béthune et Lillers. Le groupe léger motorisé rattaché au même état-major régimentaire, le *leichte Flak-Abteilung 73 (mot)*, doté de pièces de 37 et de 20 mm, appuie la division plus en arrière, en position autour de Marles-les-Mines.

Pour l'attaque du 27 mai, le *I./Flak-Rgt. 6* sera retiré à la division. En contrepartie, le *II./Flak-Rgt. 23 (gem. mot.)*, assurera la DCA aux points où la *SS-T-Division* et la 4e *Pz.-Div.* franchiront du canal.

The model 18 88 mm anti-aircraft gun, used solely by the Luftwaffe, seen here in the background, was officially used in a dual role. On May 21, south of Arras, this gun helped save the day against British tanks and it was expected to do the same again near the La Bassée canal where this photograph was evidently taken. However, this would not be the case. Between May 25-27, the SS-T-Division was supported in this sector by a mixed motorised battalion, I./Flak-Regiment 6 (gem. mot.), attached to the staff of Flak-Rgt. 201 of the IInd Flakkorps. With 20 and 88 mm guns, it was deployed north and north east of Chocques, between Béthune and Lillers. The light motorised battalion attached to same regimental staff, leichte Flak-Abteilung 73 (mot), equipped with 37 and 20 mm guns, supported the Division from positions more to the rear around Marles-les-Mines.

For the May 27 attack, I./Flak-Rgt. 6 was removed from the Division. To compensate this, II./Flak-Rgt. 23 (gem. mot.), ensured anti-aircraft cover at the points where the SS-T-Division and 4th Pz.-Div. crossed the canal.

Page 38

Robeck se trouve à la limite de deux sous-secteurs de la *2nd Infantry Division* britannique. A gauche, celui de sa 6e brigade, à droite celui de la 4e qui s'étend jusqu'au-delà de Béthune. Comme nous nous trouvons ici à la limite gauche du secteur de la *SS-T-Division*, quartier du IIe bataillon du *SS-T-Inf.-Rgt. 2 (mot)*, ce char appartient manifestement à la 3e Panzerbrigade de la *3*[e] *Pz.-Div.* occupant alors le secteur voisin, englobant Robecq. Mais ce pourrait être un appareil de la compagnie lourde du *SS-T-Aufklärungs-Abt. (mot)*, qui aligne alors dix chars tchécoslovaques et français.

Robecq was on the edge of the two sub-sectors held by the British 2nd Infantry Division. The left was occupied by its 6th Brigade with the 4th Brigade on the right just beyond Béthune. As we find ourselves here on the left edge of the SS-T-Division sector, held by the 2nd battalion of SS-T-Inf.-Rgt. 2 (mot), this tank is manifestly of the 3rd Panzerbrigade, 3rd Pz.-Div. that occupied at this time the neighbouring sector, taking in Robecq. However, this could be a tank of the heavy company of SS-T-Aufklärungs-Abt. (mot) that, at the time, had ten Czechoslovakian and French tanks.

Page 39

Ces canonniers d'infanterie, munis de paniers transportant des munitions de 75 pour les canons de la 13e compagnie de l'un des trois régiments d'infanterie divisionnaires, — sans doute celle du *SS-T-Inf.-Rgt. 2 (mot)* — s'apprêtent à franchir le canal. Eux non plus, quoique fantassins comptant à l'effectif combattant, n'ont pas reçu les effets en toile bariolée (à l'exception d'un couvre-casque !), livrés en priorité aux fusiliers-voltigeurs. La photo figurant page 42, prise sous le même angle, illustre l'étape suivante.

These infantry gunners, with their 75 mm rounds baskets for the guns of the 13th company of one of the three divisional infantry regiments, maybe that of SS-T-Inf.-Rgt. 2 (mot), prepare to cross the canal. Despite the fact that they are fighting infantrymen, they too have not received any camouflage clothing (except for the helmet cover !), , delivered in priority to riflemen. The photo on page 42, taken from the same angle, shows the next stage.

Page 40

Au sein de la *SS-T-Division*, la mitrailleuse tchécoslovaque modèle 1937, rebaptisée MG 37 (t), remplace dans la compagnie d'accompagnement de chaque bataillon d'infanterie — 12 pièces théoriques — la MG 34 allemande montée sur affût.

Within the SS-T-Division, the Czechoslovakian model 1937 heavy machine-gun, renamed MG 37 (t), replaced the German MG 34 on tripod mount (twelve guns in theory) in the MG-company of each infantry battalion.

Page 41

Qu'un officier prenne un fusil relève d'un choix circonstanciel. Par contre, bien que le fait soit rarement observé, c'est réglementairement qu'en tenue de campagne, l'officier non monté porte la baïonnette modèle 1884/98 de la troupe, en même temps que le pistolet.

A droite apparaît naturellement le *SS-Gruppenführer* Eicke qui, il faut bien l'avouer, n'hésite pas à partager les risques de ses hommes en fonçant aveuglément. Le 24 mai, il conduit en personne, pistolet au poing, les deux bataillons renforcés du *SS-T-Inf.-Rgt. 1 (mot)* tentant d'établir des têtes de pont sur la rive nord du canal de La Bassée, entre Béthune et Beuvry. Ignorant les tirs de mitrailleuses du *1st Queen's Own Cameron Highlanders* (5e brigade de la *2nd Inf. Div.*) qui clouent ses troupes au sol, il réglera lui-même par radio le tir des batteries de 105 du IIe groupe du régiment d'artillerie. Il ne regagnera la rive sud du canal, non sans pertes, que sur ordre du *General der Kavallerie* Hoepner, lequel le traitera néanmoins de « boucher » !

Tant que sa division est positionnée sur le canal, son PC est installé au moins dès le 25 mai dans un château situé à la sortie sud de Chocques.

For an officer to take a rifle is a circumstantial choice. On the other hand, although it is rarely seen, regulations stipulated that in field uniform, a non-mounted officer had to wear the other ranks' model 1884/98 bayonet as well as the pistol.

On the right is SS-Gruppenführer Eicke who, it must be admitted, never hesitated in sharing the same risks as his men by pushing forward blindly. On May 24, he personally led, pistol in hand, the two strengthened SS-T-Inf.-Rgt. 1 (mot) battalions trying to set up bridgeheads on the northern bank of the La Bassée canal between Béthune and Beuvry. Ignoring the machine-gun fire of the 1st Queen's Own Cameron Highlanders (5th Brigade, 2nd Inf. Div.) that was pinning his men down, he personally adjusted the fire via radio, of the 105 mm batteries of the 2nd battalion of the regimental artillery. He only returned to the south bank, not without losses, on the order of General der Kavallerie Hoepner, who nevertheless called him a 'butcher' !

His headquarters were set up in a castle at the southern exit of Chocques on May 25, remaining there as long as his division was positioned on the canal.

Page 42

Si la *2nd Infantry Division* britannique peut se maintenir deux jours sur la rive nord du canal de La Bassée, c'est surtout du fait que du 24 au 26 mai, le haut-commandement allemand fait marquer un temps d'arrêt à toutes les unités blindées et motorisées du groupe d'armée A déployées entre Lille et la côte de la mer du Nord !

La photo a été prise exactement sous le même angle que celle de la page 39. S'agit-il du franchissement en force du canal le 27 mai au matin, des têtes de pont ayant déjà été constituées durant la nuit sur la rive nord ? En un tel cas, le calme régnant laisse difficilement concevoir que cette journée fut pour la *SS-T-Division* la plus dure de la campagne, la plus coûteuse en hommes aussi, face à un adversaire déterminé s'accrochant au terrain.

If the British 2nd Infantry Division was able to stay for two days on the northern bank of the La Bassée canal, it was above all due to the fact that the German high command had ordered all of its armoured and motorised units of Army Group A, deployed between Lille and the North Sea coast, to halt !

This photo was taken from exactly the same angle as that on page 39. Does it show the crossing of the canal on the morning of May 27, or the bridgeheads already established on the north bank during the night ? In any case, the apparent calm makes it difficult to conceive that this day was the hardest of any for the SS-T-Division during the campaign and the most costly in men too, faced with a determined enemy holding his ground.

Page 43

Apparaît ici un bateau grand modèle, dont seul la colonne d'équipage de pont du bataillon du génie divisionnaire est équipé. Ce matériel d'une utilité tactique remarquable peut en principe porter dix hommes équipés en sus de son pilote, ou bien un canon antichar et ses servants *(voir la photo de la page suivante)*.

Comme le régiment d'artillerie, le bataillon des transmissions et les services sanitaires, le bataillon du génie était partiellement formé avec du personnel de la *SS-Verfügungstruppe* du temps de paix, réunissant les formations véritablement militarisées des SS.

Seen here is a medium pneumatic boat that only the bridging column of the divisional engineer battalion was equipped with. These boats were of great tactical use and could, in theory, carry ten equipped men as well as a rudder man, or an anti-tank gun and its crew *(see the photo on the following page)*.

Like the artillery regiment, signals battalion and medical services, the engineers battalion was partially made up of peacetime personnel of the SS-Verfügungstruppe, the actual military SS units.

Page 44

Dans chaque *SS-T-Inf.-Rgt. (mot)*, le terme d'« armes lourdes » s'applique aux 36 mitrailleuses de 7,92 mm, 18 mortiers de 80 mm, 8 canons d'infanterie de 75 mm et 12 canons antichars de 37 mm (selon le tableau de dotation).

Comment situer la scène ? Les ponts étant détruits, c'est ainsi que le 24 mai, les IIe et IIIe bataillons du *SS-T-Inf.-Rgt. 1 (mot)* durent franchir le canal à Beuvry et à l'est de Béthune, couverts par les antichars de la 14e compagnie et les tubes d'une batterie de Flak. Mais s'agit-il ici du canal de La Bassée ? C'est aussi au moyen de bateaux pneumatiques qu'une partie de l'infanterie divisionnaire le franchit le 26 au soir, tout comme celui de Lawe le 28 au matin.

In each SS-T-Inf.-Rgt. (mot), the term 'heavy weapons' applied to the thirty-six 7.92 mm heavy machine-guns, eighteen 80 mm mortars, eight 75 mm infantry guns and twelve 37 mm anti-tank guns (according to the table of organization and equipment).

How can we place the scene ? With the bridges destroyed, the 2nd and 3rd battalions of SS-T-Inf.-Rgt. 1 (mot) were thus forced to cross the canal at Beuvry on May 24, to the east of Béthune, covered by the anti-tank guns of the 14th company and the barrels of a Flak battery. But is it the La Bassée canal here ? Part of the divisional infantry used pneumatic boats to cross the canal on the evening of May 26, just like the Lawe canal on the morning of May 28.

Page 46

Selon la terminologie militaire allemande, le Granatwerfer de 80 mm modèle 1934 – matériel de la compagnie d'accompagnement du bataillon d'infanterie (six pièces) à l'instar des mitrailleuses – est dit « lourd », pour le distinguer du mortier ou lance-grenades de 50 mm – matériel de la simple section de combat – dit « léger ».

According to German military terminology, the model 1934 80 mm Granatwerfer, equipping the MG company of each infantry battalion (six mortars), as the heavy machine-guns, was itself called 'heavy' to distinguish it from the 'light' 50 mm mortar or grenade launcher that equipped each platoon in the rifle company.

Page 48

Apparaît ici encore un matériel tchécoslovaque de 100 mm modèle 1930 du *III./SS-T-Artillerie-Rgt. (mot)*, remorqué par un tracteur semi-chenillé de 1 tonne Demag D 6. Un peu léger pour ce rôle, même si la masse de l'obusier Skoda est inférieure à celle des obusiers de 105 allemand du IIe groupe, d'ailleurs tractés par le même véhicule ! Selon les tableaux de dotation, des *Zugmaschinen* de 5 tonnes auraient dû les remplacer.

C'est de cette façon que le 27 mai dans l'après-midi, la 2e pièce de la 7e batterie, requise d'urgence par le *SS-Scharführer* Supp sur la demande du *SS-Sturmbannführer* Fortenbacher, est véhiculée avec la plus grande célérité par son tracteur depuis la position de la batterie à l'ouest du Cornet-Malo jusque sur celle du *I./SS-T-Inf.-Rgt. 2 (mot)*, cloué au sol par les mitrailleuses et snipers britanniques devant Le Paradis. Par pointages directs, l'obusier parvient à neutraliser une partie des défenses adverses *(voir à ce sujet supra les commentaires relatifs au texte de la page 32)*.

Seen here, once more, is Czechoslovakian made piece of ordnance, a model 1930 100 mm howitzer of III./SS-T-Artillerie-Rgt. (mot), pulled by a half-tracked 1 tonne Demag D 6prime mover. The latter is a little light for this role, even if the Skoda made howitzer is lighter than the 105 mm German made howitzers of the 2nd battalion, pulled by the same vehicle ! According to the tables of organizations, they should have been replaced by the 5 tonne Zugmaschinen.

It was in this way that, in the afternoon of May 27, the second gun of the 7th battery, urgently called for by SS-Scharführer Supp on the orders of SS-Sturmbannführer Fortenbacher, was brought forward with great skill by its tractor from position to the west of Le Cornet-Malo to that of I./SS-T-Inf.-Rgt. 2 (mot), pinned down in front of Le Paradis by British machine-guns and snipers. The howitzer, firing over open sights, managed to neutralise some of the enemy defences *(refer to the text on page 32)*.

Page 49

Ces « Tommies » sont tombés lors des combats livrés entre le 27 et le 29 mai entre les canaux de La Bassée, de Lawe et de la Lys, sans doute sur les positions aménagées près de l'un des deux derniers. Très vraisemblablement des fantassins de la 4e brigade de la *2nd Infantry Division* (*1st Royal Scots, 2nd Royal Norfolk* et *1/8th Lancashire Fusiliers*). Ceux-là sont morts en combattant. Le 27 en effet, l'acharnement, la tension montèrent à un tel degré que le *SS-Obersturmführer* Fritz Knöchlein, commandant la 3e compagnie du *SS-T-Inf.-Rgt. 2 (mot)*, fit abattre à la mitrailleuse 97 prisonniers du 2e bataillon du *Royal Norfolk Regiment* qui venaient de se rendre au hameau du Paradis après une résistance exemplaire. Leur chef, le *Major* Lisle C.D. Ryder, figurait parmi eux. Knöchlein exerçait-il ainsi des représailles, les Britanniques ayant selon les SS fait usage de balles « dum-dum » et feint de se rendre en brandissant un drapeau blanc pour mieux reprendre le combat derechef ? L'affaire n'a pas été élucidée. Elle eut un retentissement d'autant plus grand qu'elle faisait suite à certaines rumeurs fâcheuses relatives à la conduite des *SS-Schützen* et qu'au contraire, les autres prisonniers britanniques réunis ce jour-là par le *SS-T-Inf.-Rgt. 2* furent parfaitement bien traités. Le *General der Kavallerie* Hoepner, supérieur direct du *SS-Gruppenführer* Eicke à ce moment-là, ordonna l'ouverture d'une enquête, restée sans suite, et la carrière de Knöchlein n'en souffrit en aucune façon. Le fait est troublant à plusieurs titres contradictoires. L'officier fut-il couvert ? Ses chefs considérèrent-ils que la mesure prise était justifiée ? Condamné à mort par un tribunal militaire britannique, il finira quand même pendu à Hameln (Hanovre) le 21 janvier 1949.

These 'Tommies' were killed during the fighting of May 27-29 between the canals of La Bassée, Lawe and Lys, no doubt near the prepared positions of one of the latter two. It is highly probable that they are infantrymen of the 4th Brigade, 2nd Infantry Division (1st Royal Scots, 2nd Royal Norfolk and 1/8th Lancashire Fusiliers). These men died fighting. Indeed, on the 27th, the fighting and tension reached such a degree that SS-Obersturmführer Fritz Knöchlein, commanding the 3rd company of SS-T-Inf.-Rgt. 2 (mot), had 97 prisoners of the 2nd Royal Norfolk machine-gunned, men who had just surrendered at the hamlet of Le Paradis following an exemplary defence. Their commander, Major Lisle C.D. Ryder, was amongst the men that were shot. Was Knöchlein carrying out a reprisal ? According to the SS, the British were using 'dum dum ' bullets and had pretended to surrender by showing a white flag, then carrying on the fight. In any case, the bottom of the affair was never reached. It had an even greater effect due to the rumours concerning the previous behaviour of the SS-Schützen. Other prisoners taken the same day by SS-T-Inf.-Rgt. 2 were perfectly well treated. General der Kavallerie Hoepner, the direct superior to SS-Gruppenführer Eicke at the time, ordered an enquiry to be opened, but it was never carried out and Knöchlein's career did not suffer from the incident. This fact is disturbing in several contradictory ways. Was he protected by someone ? Did his superior officers consider that he had acted correctly ? Sentenced to death by a British military court, he was hung at Hameln (Hanover) on 21 January 1949.

Page 52 (texte)

Il n'existe alors qu'une seule *SS-Kriegsberichterkompanie* au sein des *Waffen-SS*, créée le 5 mars 1940 et confiée au rédacteur en chef du *Schwarze Korps*, le *SS-Hauptsturmführer* d.R. Gunter d'Alquen. En mai-juin 1940, chacune de ses quatre sections motorisées accompagne une grande unité de campagne des *Waffen-SS*. La 2e a rejoint la *SS-Totenkopf-Division* début mai. Rappelons que les correspondants de guerre, formés militairement, sont considérés comme des soldats, dont ils sont tenus de partager les mêmes risques.

At the time there was only one *SS-Kriegsberichterkompanie* within the Waffen-SS, created on 5 March 1940 and placed under the responsibility of the editor of *DasSchwarze Korps*, SS-Hauptsturmführer d.R. Gunter d'Alquen. In May-June 1940, each of his four motorised platoons followed a Waffen-SS field formation. The 2nd joined the SS-Totenkopf-Division at the beginning of May. It should be reminded that war correspondents received military training and were considered as being soldiers with whom they were to share the same risks.

Page 56

Ces hommes peuvent appartenir soit au groupe de reconnaissance divisionnaire, qui intègre deux compagnies de fusiliers motocyclistes, soit à la section de *Kradschützen* de l'un des trois régiments d'infanterie motorisés, soit encore à la section d'agents de liaison motocyclistes rattachée à l'état-major divisionnaire.

These men could belong to either the divisional reconnaissance battalion, which had two rifle motorcyclist companies , or the *Kradschützen* platoon of one of the three motorised infantry regiments, or perhaps even the motorcycle dispatch rider platoon attached to the divisional staff.

Page 57

Le fusilier figurant au premier plan à droite, pourvoyeur de l'arme collective de son groupe de combat, est muni des bretelles de transport de boîtes-chargeurs pour fusils-mitrailleurs tchécoslovaques MG 26 (t) ou 30 (t), du modèle originellement prévu pour le MG 13 allemande.

Quoique fusiliers-voltigeurs, ces fantassins n'ont pas reçu, eux non plus, les prestigieux couvre-casques et blouses bariolés. La photo aurait-elle été prise durant l'hiver précédent au cours d'un exercice en campagne ? Comme les hommes aux tempes grises de la photo de la page 27, ce sont eux aussi des réservistes de l'*Allgemeine SS*. L'on devine en effet sur les bandes de manche l'inscription *SS-Totenkopfverbände* identifiant depuis l'automne de 1939 ceux d'entre eux qui ont été rappelés dans les SS-TV en tant que « renforcements de police ». En principe, à l'issue de la mobilisation de 1939, les deux pattes de collet des vareuses de tous les personnels de la *SS-T-Division* doivent comporter la tête de mort, comme c'est le cas ici. En pratique, la plupart des personnels actifs issus des SS-TV continueront de la porter seulement à droite.

The rifleman to the right in the foreground, the ammunition bearer of his section's light machine-gun, is equipped with carrying straps for the magazines of the Czechoslovakian MG 26 (t) or 30 (t), of the model originally destined for the german MG 13.

These soldiers, even though they are riflemen, have also not been issued with the prestigious camouflaged helmet covers and smocks. The photo might have been taken during an exercise the previous winter. Like the older men seen in the photo on page 27, they too are Allgemeine SS reservists. We can see the *SS-Totenkopfverbände* cuff titles that had, from the autumn of 1939 onwards, identified those who had been called up to the SS-TV as 'police reinforcements'. As a rule from the end of the 1939 period of mobilisation, the men of the SS-T-Division should have had two death's head insignia on their tunic collar, as is the case here. However, in practice, most of the active personnel that came from the SS-TV continued wearing just one on the right collar only.

Page 58

Le *SS-Obersturmfüher* Dr. Stelling, médecin-chef du Ier bataillon du *SS-T-Inf.-Rgt. 2 (mot)*, se penche ici sur le *SS-Untersturmführer* Fröhlich, chef d'une section de la 2e compagnie. Ce dernier a été grièvement blessé le 26 mai au soir par les éclats d'une grenade à fusil, tirée par des fantassins britanniques embusqués dans une ferme située sur la route de Riez-du-Vinage, hameau que les 2e et 3e compagnies avaient l'ordre de prendre après avoir franchi le canal. La nuit du 26 au 27 et la journée du 27 seront de loin les plus dures de toute la campagne pour la division, qui perdra cette nuit et ce jour-là 155 tués, dont 4 officiers, et 483 blessés, dont 18 officiers.

SS-Obersturmfüher Dr. Stelling, medical officer of the 1st battalion of SS-T-Inf.-Rgt. 2 (mot), is seen here treating SS-Untersturmführer Fröhlich, a platoon leader with the 2nd company. Fröhlich was seriously wounded in the evening of May 26 by the splinters of a rifle grenade fired by British infantrymen hiding in a farm on the Riez-du-Vinage road, a hamlet that the 2nd and 3rd companies had been ordered to take after crossing the canal. The night of May 26-27 and the daytime of the latter, were by far the hardest for the Division of all the campaign. During this period it lost 155 men killed, including four officers and 483 wounded, including 18 officers.

Page 59

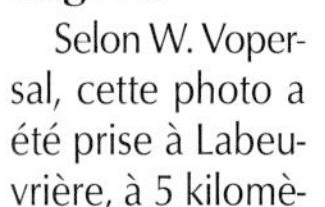

Selon W. Vopersal, cette photo a été prise à Labeuvrière, à 5 kilomètres à l'ouest de Béthune, où a été installé le poste de secours divisionnaire *(Hauptverbandplatz)* le 25 mai au matin en l'espace de deux heures, alors que la division commençait de consolider ses positions le long du canal de La Bassée. Les premiers blessés y ont immédiatement été transportés.

En onze jours, du 19 au 29 mai 1940, au sud-est du Cateau, au sud d'Arras puis entre les canaux de La Bassée et de la Lys, la *SS-T-Division* subit des pertes considérées comme exagérément lourdes : 1 140 hommes, dont près de 300 tués. Etaient-elles supérieures à celles des autres divisions quasi continuellement au contact de l'ennemi ? Sans doute pas...

According to W. Vopersal, this photo was taken at Labeuvrière, 5 kilometres west of Béthune, where the main dressing station *(Hauptverbandplatz)* had been set up within two hours on the morning of May 25 as the Division was beginning to consolidate its positions along the La Bassée canal. The first wounded men were immediately brought here.

In an eleven day period between May 19-29, from south east of Le Cateau, south of Arras, then between the La Bassée and Lys canals, the SS-T-Division suffered losses that were considered as being far too heavy: 1,140 men, of whom nearly 300 had been killed. Was this higher than the losses suffered by other divisions that were also almost in continual contact with the enemy ? Probably not...

Page 60

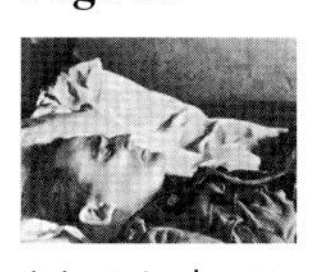

Le *SS-Standartenführer* Hans-Friedemann Goetze, commandant le *SS-T-Inf.-Rgt. 3 (mot)*, a été atteint le 27 mai en début d'après-midi, près du hameau du Paradis, par la balle d'un sniper britannique, alors qu'il conduisait en personne l'attaque de son Ier bataillon pour dégager son IIe en difficulté. Agé de 42 ans, il avait obtenu les deux Croix de fer durant la Grande Guerre. Il a mis plusieurs minutes à mourir. Sa tombe, et non loin de là celles de plusieurs de ses hommes, seront creusées au carrefour même où il a été blessé, cerné de plusieurs fermes. Comme tous les soldats de la division tombés en mai 1940 sur le canal de La Bassée, il repose aujourd'hui dans le cimetière militaire allemand de Bourdon (Somme).

Après avoir reçu le commandement de la *IIIe Sturmbann* de la *SS-T-Standarte 4* « Ostmark » à la fin de 1938, cet officier avait été envoyé avec son unité à Dantzig en juin 1939 pour créer la force d'autodéfense que le sénat local réclamait. Renforcée et rebaptisée *SS-Heimwehr Danzig*, elle prit part aux opérations de septembre 1939 et constitua le mois suivant le noyau du troisième régiment d'infanterie de la division.

C'était l'un des meilleurs cadres dont disposait le *SS-Gruppenführer* Eicke. Ce même 27 mai 1940, à quelques dizaines de minutes d'intervalle, il perdit aussi son précieux chef du bureau des opérations, le *SS-Oberführer* Cassius, Freiherr von Montigny, terrassé au PC divisionnaire par une hémorragie interne provoquée par un ulcère de l'estomac et évacué.

SS-Standartenführer Hans-Friedemann Goetze, the commander of SS-T-Inf.-Rgt. 3 (mot), was hit by a British sniper's bullet in the afternoon of May 27 near the hamlet of Le Paradis, whilst personally leading the attack launched by his 1st battalion to relieve his 2nd battalion that was in difficulty. Aged 42, he had won the two Iron Crosses in the Great War. He took several minutes to die. He was buried at the crossroads where he fell, surrounded by farms and not far from the graves of other men of his regiment. Like all of the Division's soldiers who fell along the La Bassée canal in 1940, he lies today in the German military cemetery at Bourdon in the Somme.

After being given the command of the 3rd Sturmbann of the SS-T-Standarte 4 'Ostmark' at the end of 1938, this officer was sent, along with his unit, to Danzig in June 1939 to create the home defence force demanded by the city senate. Strengthened and re-named the *SS-Heimwehr Danzig*, it took part in the September 1939 operations and formed, the following month, the nucleus of the Division's third infantry regiment. Goetze was one of SS-Gruppenführer Eicke's best commanders. On the same day that he lost Goetze, the chief of his operations cell, SS-Oberführer Cassius, Freiherr von Montigny, fell victim to internal bleeding caused by a stomach ulcer and was evacuated from the divisional headquarters.

Page 61

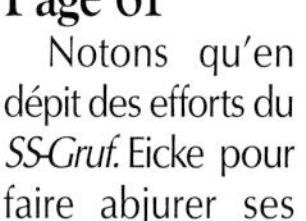

Notons qu'en dépit des efforts du *SS-Gruf.* Eicke pour faire abjurer ses hommes, une croix chrétienne a été plantée sur la tombe.

La célèbre ballade *Ich hatt' einen Kameraden* (J'avais un camarade) est à l'origine un poème de Ludwig Uhland écrit en 1809 sous le titre *Der gute Kamerad* et mis en musique en 1825 par Friedrich Silcher. Elle est toujours jouée aujourd'hui en Allemagne lors des funérailles militaires.

Even if SS-Gruf. Eicke does it utmost to make his men recant their christian faith, a latin cross has been set on the grave.

The famous ballad *Ich hatt' einen Kameraden* (I had a comrade), was originally a poem written by Ludwig Uhland in 1809 and called *Der gute Kamerad*, being set to music in 1825 by Friedrich Silcher. It is still played in Germany today at military funerals.

Pages 62-63

Selon W. Vopersal encore, la scène se situe le 28 mai et montre des éléments du *SS-T-Inf.-Rgt. 3 (mot)* se rassemblant au nord de Locon en vue de poursuivre vers l'est l'attaque lancée la veille avec un succès relatif. Provisoirement maintenu en réserve du XVIe corps motorisé, le régiment sera bientôt rattaché à la *4e Pz.-Div.* et deux de ses bataillons dirigés dans l'après-midi sur Aubers et Fromelles.

Les paroles rapportées ici sont plus ou moins les premières du deuxième couplet du poème de L. Uhland mis en musique sous le titre *Ich hatt' einen Kameraden (voir supra les commentaires concernant la photo de la page précédente).* Il existe deux versions du texte original : *« ... gilt sie mir oder gilt sie dir ? » ou « ...gilt's mir oder gilt es dir ? ».*

Ici encore apparaissent des croix latines.

According to W. Vopersal once more, the scene takes place on May 28 and shows elements of SS-T-Inf.-Rgt. 3 (mot) grouping north of Locon prior to continuing the advance eastwards following the previous day's attack that had achieved relative success. Provisionally held back in reserve for the motorised XVI Corps, the regiment would soon be attached to the 4th Pz.-Div. and two of its battalions sent in the afternoon towards Aubers and Fromelles.

The words here are more or less the first lines of the second verse of L. Uhland's poem that was set to music under the title of *Ich hatt' einen Kameraden (see the text above).* There are two versions of the original text : *'... gilt sie mir oder gilt sie dir ?'* or *'...gilt's mir oder gilt es dir ?'.*

Still here have been set latin crosses.

Page 64

Avec ce cliché et les cinq suivants, l'on revient chronologiquement en arrière.

Le 26 mai, ordre est donné au bataillon du génie divisionnaire de réparer les ponts détruits sur le canal de La Bassée ou d'en lancer de nouveaux.

Celui-ci, que les *Pioniere* s'emploient à remettre en état, permet de gagner Robeck et se trouve dans le quartier le plus à l'ouest du *SS-T-Inf.-Rgt. 2 (mot)*, confié au IIe bataillon, à la limite du secteur de la *3e Pz.-Div.*

Il est exact qu'en ordonnant le 24 mai à la *SS-T-Division* de s'organiser défensivement sur le canal, le *XVIe Armeekorps (mot)* s'attendait à une attaque de blindés, la *2nd Light Armoured Reconnaissance Brigade* étant rattachée à la *2nd Infantry Division* et le groupement du général Tarrit, à droite, disposant de plusieurs compagnies de chars légers Renault R 35. Le *SS-T-Panzerjäger-Abt. (mot)* étant laissé les 25 et 26 mai à la disposition de la division à Allouagne, bien en arrière — à l'exception d'une compagnie appuyant le *SS-T-Inf.-Rgt. 3 (mot)* — cette pièce de 37 appartient nécessairement à la section de la 14e compagnie antichar du *SS-T-Inf.-Rgt. 2 (mot)* rattachée à son IIe bataillon. Pour le franchissement du canal le 26 mai au soir, une compagnie du *Panzerjäger-Abt.* sera par contre allouée au régiment.

With this and the five following photos we take a step back in time. On May 26, the divisional engineer battalion received the order to repair the destroyed bridges over the La Bassée canal, or prepare new ones. The one seen here, that is being repaired by the Pioniere, led into Robecq and was in the most westerly sector of SS-T-Inf.-Rgt. 2 (mot) held by the 2nd battalion and flanked by the 3rd Pz.-Div.

The XVI Armeekorps (mot) was certainly expecting an armoured attack when, on May 24, it ordered the SS-T-Division to dig in along the canal. Facing them was the 2nd Light Armoured Reconnaissance Brigade that had been attached to the 2nd Infantry Division and the group led by the French general Tarrit to the right, equipped with several companies of Renault R 35 light tanks. The SS-T-Panzerjäger-Abt. (mot) was placed at the disposal of the Division on May 25 and 26 at Allouagne, well to the rear, except for one company supporting the SS-T-Inf.-Rgt. 3 (mot). Therefore, this 37 mm gun has to belong to the platoon of the 14th anti-tank company of SS-T-Inf.-Rgt. 2 (mot) attached to its second battalion. However, for the crossing of the canal in the evening of May 26, a company from the Panzerjäger-Abt. was allocated to the regiment.

Page 65

Une section de la 2e compagnie du *SS-T-Pionier-Btl. (mot)*, peut-être tardivement rejointe par d'autres, est alors rattachée au *SS-T-Inf.-Rgt. 2 (mot)*. Elle est ici à l'œuvre pour réparer le pont détruit apparaissant déjà sur la photo précédente. Dans la nuit du 26 au 27, les 1re et 3e compagnies du bataillon lanceront de leur côté deux autres ponts de circonstance dans le sous-secteur de droite.

A platoon of the 2nd company of SS-T-Pionier-Btl. (mot), perhaps joined later by others, is then attached to SS-T-Inf.-Rgt. 2 (mot). It is seen here repairing the bridge already shown in the previous photograph. During the night of May 26-27, the battalion's 1st and 3rd companies also built two other emergency bridges in the right hand sub-sector.

Page 66

Outre les obus de mortiers de d'obusiers dont la *2nd Infantry Division* britannique abreuve les positions allemandes, les journées des 25 et 26 mai sont également marquées par des pluies fréquentes.

Ceux des gradés qui continuent de porter leur marque de grade sur la patte de collet gauche proviennent naturellement des SS-TV ou de la SS-VT du temps de paix.

Rappelons incidemment qu'au cours de l'hiver précédent, le *SS-Gruppenführer* Eicke a constitué un *Sonderkommando* (détachement spécial), rattaché au bataillon du génie divisionnaire. Il est destiné à accueillir pour une durée indéterminée ceux de ses hommes qui ont été punis de peines de prison pour fautes particulièrement graves. Dans un premier temps, tout à fait illégalement, il les faisait interner dans un camp de concentration !

Exclus des SS, semble-t-il, ils sont quand même maintenus sur les contrôles de la division, chargés d'effectuer les tâches les plus rebutantes ou les plus dangereuses...

Along with the howitzer shells and mortar fire of the British 2nd Infantry Division falling on the German positions, it also rained frequently on May 25 and 26. The two NCOs still wear their rank insignia on their left collar and, of course, come from the peacetime SS-TV or SS-VT.

It should be remembered that during the previous winter, SS-Gruppenführer Eicke had formed a *Sonderkommando* (special party), that was attached to the divisional engineer battalion. The unit was formed with men who had received prison sentences for particularly serious offences. At the beginning they had been interned, totally illegally, in a concentration camp ! Seemingly thrown out of the SS, they were nevertheless kept under divisional control and given the most tiresome or dangerous tasks.

Page 67

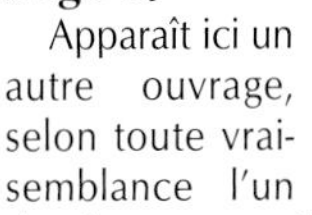

Apparaît ici un autre ouvrage, selon toute vraisemblance l'un des deux ponts militaires lancés par le *SS-T-Pionier-Btl. (mot)* dans le sous-secteur du *SS-T-Inf.-Rgt.3 (mot)*, au nord-ouest de Hinges et entre Hinges et Le Cornet-Malo. Le 27, le franchissement du canal sera également assuré et deux ponts de bateaux de 8 et de 16 tonnes, ce dernier mis en place par le *Pionier-Bataillon 62*, élément organique du XVIe corps motorisé.

Ce camion Ford G 917 T St IIIa de 3 tonnes à cabine ouverte, construit en grande série pour la Wehrmacht depuis l'année précédente, porte sur son aile gauche le signe tactique identifiant une unité régimentaire d'infanterie (un échelon d'entretien ?). La photo aurait pu être prise le 27 ou le 28 mai, quand les éléments de soutien franchissent à leur tour le canal.

This is a different bridge, no doubt one of the two makeshift bridges built by the SS-T-Pionier-Btl. (mot) in the subsector held by SS-T-Inf.-Rgt.3 (mot), north-east of Hinges and between Hinges and Le Cornet-Malo. On May 27, the crossing of the canal was also made possible by two 8 and 16 tonne pontoon bridges, the latter being built by Pionier-Bataillon 62, a corps troop of the motorised XVI Corps.

This 3 tonne Ford G 917 T St IIIa open cabin truck, made in great numbers for the Wehrmacht since the beginning of the previous year, bears the tactical sign of a regimental infantry unit on its left wing (maintenance unit ?). This photo may have been taken on May 27 or 28 when logistical support units crossed the canal.

Page 68

Il s'agit sans doute du même pont que sur la photo précédente.

This is no doubt the same bridge as seen in the previous photo.

Page 69

Sur cette photo si souvent publiée apparaît un char léger Renault R 35. Si elle a vraiment été prise sur le canal de La Bassée, ce pourrait être un appareil du groupe de bataillons de chars n° 510, vraisemblablement du 22e BCC, abandonné ou détruit durant l'installation de la *SS-T-Division* sur les lieux le 23 mai. Mais la photo a pu être prise quelques jours plus tôt à l'ouest d'Arras et nous aurions alors affaire à un char du GBC 515 rattaché à la 3e DLM lors de la contre-attaque lancée le 21 mai. Il appartiendrait de ce fait soit au 35e BCC, soit à la compagnie du 22e BCC qui était alors adjointe au groupe.

This much published photo shows a Renault R 35 light tank. If it was really captured on the La Bassée canal, it could be one of the tanks of the group of tank battalions 510, in all likelihood that of the 22nd BCC, abandoned or destroyed when the SS-T-Division arrived there on May 23. However, the photo could have been taken a few days earlier west of Arras and the tank could, therefore, belong to GBC 515 that was attached to the 3rd DLM during the counter-attack of May 21. If this is so, it was part of the 35th BCC, or the company of the 22nd BCC that was then attached to the group.

Page 70

Selon W. Vopersal toujours, ces soldats français auraient été faits prisonniers près de Bruay-en-Artois le 23 mai, manifestement par le *SS-T-Inf.-Rgt. 3 (mot)* qui s'est rassemblé à la sortie sud de la ville à partir de midi. L'homme au béret semble bien porter la veste modèle 1935 des unités motorisées. Des éléments de la 1re ou de la 3e DLM ?

Still according to W. Vopersal, these French soldiers were captured near Bruay-en-Artois on May 23, maybe by SS-T-Inf.-Rgt. 3 (mot) that had grouped at the southern exit of the town from midday onwards. The man with the beret appears to be wearing the model 1935 tunic of the motorised units. They are perhaps elements of the 1st or 3rd DLM ?

Page 71

Nous avons évidemment corrigé la phrase en français, mal retranscrite dans le texte allemand.

Page 72

Figurent apparemment ici des obus de 280 mm pour mortiers Schneider.

These are apparently 280 mm shells for the french Schneider mortar.

Page 73

Nous n'avons pas ici affaire à un appareil de transport français, mais à un quadrimoteur de ligne britannique Armstrong-Whitworth 27 « Ensign ». Celui-ci, immatriculé G-ADSZ et baptisé *Elysian*, a été mitraillé au sol par des chasseurs Messerschmitt Bf 109 le 23 mai près de Merville, sur le canal de la Lys. La photo se situe donc vers le 29 ou 30 mai suivant, quand, une fois Bailleul occupée, des unités de la *SS-T-Division* stationnent dans la zone précédemment traversée (chronologiquement, cette photo devrait figurer entre la page 110 et la page 115).

Mis en service en 1938, effectivement « colossal » pour l'époque, cet appareil de 37,5 m d'envergure et de 25 tonnes à pleine charge, n'a été construit qu'à 12 exemplaires en 1940, pour desservir les lignes impériales (27 passagers) et européennes (40 passagers). Quoique pris en compte par la nouvelle BOAC (*British Overseas Airways Corporation*) créée en novembre 1939, ils sont affectés depuis l'entrée en guerre à un rôle militaire au sein du *No 24 Squadron* de la RAF, qui assure les communications et le transport du courrier en France, décollant de Heston et se posant généralement au Bourget. Tous ont de ce fait été hâtivement peints de couleurs de camouflage. Le second appareil perdu en France, le G-ADSX *Ettrick*, sera abandonné au Bourget le 1er juin. Remis en état, il reprendra du service dans la Luftwaffe.

What we see here is not a French transport aircraft, but a four-engined British airliner, an Armstrong-Whitworth 27 'Ensign'. This plane, registration number G-ADSZ and named *Elysian*, was machine-gunned on the ground by Messerschmitt Bf 109 fighters on 23 May near Merville on the Lys canal. The photograph, therefore, dates from around the following 29 or 30 May, when, once Bailleul had been occupied, the units of the SS-T-Division rested in the zone that had been crossed previously (chronologically, this photograph should be placed between pages 110 and 115).

Put into service in 1938 and truly 'huge' for its time, this aircraft with its 37.5 metre wingspan and fully loaded weight of 25 tonnes, had seen only twelve built by 1940 to cover the Imperial routes (27 passengers) and European routes (40 passengers). Although part of the newly created (in November 1939) BOAC (British Overseas Airways Corporation), they were put

into service at the outbreak of war with the military and attached to the No 24 Squadron. Communications and mail were their major task, rising from Heston and usually landing at Le Bourget. All of these aircraft were thus hastily given a camouflage livery. The second plane lost in France, G-ADSX *Ettrick*, was abandoned at Le Bourget airport on 1 June. Once repaired, it saw service with the Luftwaffe.

Page 76 (texte)

Afin de pouvoir nourrir les milliers d'hommes attendus au camp de Dachau en octobre 1939, les services de l'intendance furent les toutes premières formations divisionnaires mises sur pied, fût-ce à l'état embryonnaire. Leur directeur, le *SS-Obersturmbannführer* Kaindl, tout comme le commandant du train divisionnaire, le *SS-Standartenführer* Tschimpke, durent avoir recours aux ressources locales plusieurs semaines durant, la *Heer* ayant refusé tout concours dans ce domaine tant que la division n'était pas placée sous son contrôle opérationnel. Une situation d'autant plus fâcheuse que l'une des préoccupations du *SS-Gruppennführer* Eicke était d'avoir des hommes bien nourris !

En principe, les services de l'intendance n'étaient constitués que de réservistes de l'*Allgemeine SS*. Par ailleurs, la proportion de personnels d'active provenant des SS-TV – voire de la SS-VT – était très faible dans les formations divisionnaires du train et du service de santé.

In order to feed the thousands of men expected to arrive at the Dachau camp in October 1939, the administrative services were the first divisional units to be formed, albeit in an embryonic form. The staff officer charged with the Commissariat, SS-Obersturmbannführer Kaindl, like the commander of the divisional supply services, SS-Obersturmbannführer Tschimpke, had to rely on local resources for weeks as the Army had refused to help out in this domain as long as the Division was not placed under its operational control. This situation was even more regrettable given that one of SS-Gruppennführer Eicke's main priorities was in keeping his men well fed !

As a rule, the administrative services were made up of Allgemeine SS reservists. Furthermore, the proportion of peace-time personnel from the SS-TV, or even the SS-VT, was very low in the divisional supply and medical services.

Page 77

Le *SS-Untersturmführer* Dr. Maaßen, vétérinaire divisionnaire, est ici à l'œuvre. Les *Frischwürste* (saucisses de viande) visibles au premier plan, qui peuvent faire partie du repas du soir, sont réalisées par la section d'abattage *(Schlächtereizug)*, composante organique de l'intendance divisionnaire, pour l'ensemble de la grande unité.

SS-Untersturmführer Dr. Maasen, the divisional veterinary officer, is seen here at work. The *Frischwürste* (meat sausages) seen in the foreground and possibly part of the evening meal, have been made for the entire division by the butchery platoon *(Schlächtereizug)*, an organic unit of the divisional administrative services.

Page 79

Les *« architectes du pain » !* Nous avons conservé cette périphrase un peu lourde, qui s'applique aux hommes de la compagnie de panification *(Bäckereikompanie)* du SS-Hauptsturmführer Grünewald. Elle aussi composante organique de l'intendance divisionnaire, elle fait quotidiennement le pain pour l'ensemble de la grande unité. Formée à la mi-novembre 1939 au camp de Dachau, cette compagnie ne disposait initialement que de bicyclettes usagées et de dix fours à pain hippomobiles de l'armée tchécoslovaque datant de l'autre guerre, inutilisables ! Un exemple parmi d'autres du sous-équipement critique de la grande unité à ses débuts.

The *'architects of bread !'* We have kept this rather clumsy expression that applies to the men of the bakery company *(Bäckereikompanie)* of SS-Hauptsturmführer Grünewald. This was also a unit of the divisional administrative services and made the daily bread for the entire formation.

Formed in mid-November 1939 at Dachau, this company was initially equipped with only old bicycles and ten Czech army horse-drawn unusable bread ovens that dated from the Great War !

This is another of the many examples of the tpoor quality equipment issued to the Division when being formed.

Page 80

En 1940, dans l'armée de terre, la ration de pain journalière du soldat en campagne, allouée pour les trois repas quotidiens, se monte à 750 grammes, c'est-à-dire la moitié d'un pain de seigle moulé ou non. Coupant l'un de ceux-ci en deux, ce sous-officier constitue ainsi deux rations.

In the German Army of 1940, the daily bread ration for a soldier on campaign was 750 grams which had to last for three meals, that is half a rye loaf, moulded or not. By cutting one of these in half, this NCO is making two rations.

Page 81

Suite aux opérations actives de la première phase de la campagne, du 19 au 29 mai, des centaines de véhicules sont à réviser, sinon à remettre en état, du fait tant de l'usure que de l'action de l'ennemi. Sans compter les véhicules de prise, français ou britanniques, qu'il faut intégrer au parc automobile après les avoir repeints ! Comme les échelons d'entretien, les trois compagnies de réparation du matériel (*Werkstattkompanien*), qui font organiquement partie du train divisionnaire, devront travailler 24 heures par jour une semaine durant au début de juin pour rendre à la division sa mobilité première. Et cela, souvent, dans l'improvisation et avec des moyens insuffisants.

Following the active operations of the first half of the campaign from May 19 to 29, hundreds of vehicles needed looking at or required maintenance due to wear and tear and enemy action. This was not counting the captured French and British vehicles that had to be integrated into the Division and repainted !

Like the maintenance echelons, the three workshop companies had to work around the clock at the beginning of June to give the Division back its initial mobility. This was often carried out in an improvised fashion and with inadequate means.

Page 84 (texte)

En écrivant que le courage, la détermination et la vitesse furent pour la division les seuls facteurs de succès, le rédacteur fait montre d'une grande honnêteté ! De fait, les capacités tactiques manquaient singulièrement au *SS-Gruppenführer* Eicke et à la plupart de ses officiers, qui ne sortaient pas du moule militaire. Ils ne purent acquérir le minimum de connaissances nécessaires que lors du séjour de la grande unité en Westphalie, en mars-avril 1940, dans le cadre de la 2e armée, une fois que le parc automobile était enfin complété.

The writer shows great honesty when stating that determination and speed were the only factors in the Division's success ! Indeed, tactical capacities were greatly lacking for SS-Gruppenführer Eicke and his officers, who were not of the military mould. They could only acquire a minimum of the required knowledge during the Division's stay in Westphalia in March-April 1940 with the 2nd Army once they had the required number of vehicles.

Page 85

Tout porte à croire qu'apparaît ici le *SS-Sturmbannführer* Hellmuth Becker, commandant le Ier bataillon du *SS-T-Inf.-Rgt. 1 (mot)* tout au long de la campagne. Il porte sur sa manche la bande ornée d'une tête de mort adoptée en septembre 1938 comme signe distinctif de la *SS-T-Standarte 1* « Oberbayern », dont le régiment est intégralement issu et dont il commandait déjà la Ire *Sturmbann*. C'est la même bande de manche qu'arborent le *SS-Gruppenführer* Eicke lui-même, tout comme le *SS-Standartenführer* Simon et ses officiers *(voir supra et infra nos commentaires relatifs aux photos des pages 41 et 93)*. A l'arrière-plan à droite, l'une des trois motos side-cars dont dispose l'état-major du bataillon.

Au cours de la première phase de la campagne, les grandes affaires impliquant l'unité du *SS-Stubaf.* Becker se situent le 19 mai à Catillon et le 24, lors d'une première tentative de constituer une tête de pont sur le canal de La Bassée à l'est de Béthune.

Everything points to the fact that this is SS-Sturmbannführer Hellmuth Becker, commander of the 1st battalion of SS-T-Inf.-Rgt. 1 (mot) throughout the campaign. He wears the death's head cuff title that was adopted in September 1938 as the distinctive insignia of SS-T-Standarte 1 'Oberbayern', from which the entire regiment came and whose 1st Sturmbann he already commanded. This is the same cuff title worn by SS-Gruppenführer Eicke himself, just like SS-Standartenführer Simon and his officers *(see above and below our comments concerning the photos pages 41 and 93)*. To the right, in the background, we can see one of the three motorcycles with side cars used by the battalion staff.

During the course of the first phase of the campaign, SS-Stubaf. Becker's unit was mainly in action at Catillon on May 19 and also during a first attempt to form a bridgehead on the La Bassée canal to the east of Béthune on May 24.

Pages 86-87

Alors que les pièces antichars de 37 des trois *SS-T-Inf.-Rgt. (mot)* sont déjà tractées par des « Krupp-Protze » au lieu de simples Kübelwagen, des *Zugmaschinen* Demag D 6 de 1 tonne ont été livrées au *SS-T-Panzerjäger-Abt. (mot)* pour ses propres Pak, que l'on aperçoit ici. Un luxe habituellement réservé aux divisions blindées ! Toutefois, les mêmes tracteurs, un peu légers pour ce rôle, servent aux canons et obusiers des trois premiers groupes du régiment d'artillerie *(voir à ce propos supra les précisions relatives à la photo de la page 48)*.

Le bataillon antichar divisionnaire a été constitué à partir de la compagnie-école antichar motorisée – *Panzerabwehr-Lehrkompanie (mot.)* – des SS-TV créée en 1939 à Prettin (Brandebourg), encadrée par des personnels de la Heer et intégrée durant l'été à la *SS-Heimwehr Danzig* sous le nom de compagnie Leiner.

With the 37 mm anti-tank guns of the three SS-T-Inf.-Rgt. (mot) already towed by 'Krupp-Protze' vehicles instead of the basic Kübelwagen, the 1 tonne Zugmaschinen Demag D 6 had been delivered to SS-T-Panzerjäger-Abt. (mot) for its own Pak guns that we can see here. This was a luxury only usually afforded to armoured divisions ! However, the same vehicles, a little too

light for this role, were used to tow the guns and howitzers of the first three regimental artillery battalions (on this subject see above the details concerning the photo page 48).

The divisional anti-tank battalion was formed from a SS-TV motorised anti-tank training company, [*Panzerabwehr-Lehrkompanie (mot.)*], created in 1939 at Prettin (Brandenburg), led by Army personnel and integrated into the SS-Heimwehr Danzig in the summer under the name of the Leiner company.

Page 88

Dans toutes les divisions de campagne de 1940 dotées de matériel allemand, le même canon de 37 mm, du modèle construit en série depuis 1929-1930 et doté de roues à pneumatiques depuis 1934, est employé par le bataillon antichar divisionnaire et les compagnies antichars de chacun des deux ou trois régiment d'infanterie. Ce semble bien être le cas à la *SS-T-Division*, dont le groupe de reconnaissance dispose également d'une section de trois Pak de 37, alors qu'elle aurait dû recevoir des matériels tchécoslovaques (la *SS-Polizei-Div.*, par exemple, a été dotée de tels canons, du modèle de 1937). D'un maniement aisé et d'une mise en œuvre rapide du fait de son faible poids, le Pak allemand souffre déjà d'une munition de rupture aux capacités insuffisantes. *(Voir à ce propos* Militaria *n° 153, pp. 48 à 58, et n° 156, pp. 26 à 36)*.

In all the 1940 field divisions equipped with German materiels, the same 37 mm gun in production since 1929-1930 and equipped with pneumatic tyres since 1934, was used by the divisional anti-tank battalion and the anti-tank companies of each of the two, or three infantry regiments. This would appear to have been the case with the SS-T-Division, whose reconnaissance battalion was also equipped with a platoon of three 37 mm Pak, whereas it should have been issued with Czechoslovakian made guns (the SS-Polizei-Div., for example, was equipped with such guns, the model 1937). Easy to handle and quick to set up thanks to its light weight, the German Pak nonetheless used ammunition whose armour piercing capabilities were already insufficient *(for more on this subject read* Militaria Magazine *Nos. 153, p 48 to 58, and 156, p 26 to 36)*.

Page 89

Les quatre hommes qui servent la pièce au combat sont ici en place : le pointeur à gauche, le chargeur à droite, les deux pourvoyeurs en arrière, cartouches de 37 en main.

L'heure de gloire et de souffrance du *SS-T-Panzerjäger-Abt. (mot)* se situe le 21 mai au sud-est d'Arras, à Ransart et Beaumetz-les-Loges, quand il dut mettre inopinément ses canons en batterie en appui des Ier et IIe bataillons du *SS-T-Inf.-Rgt. 2 (mot)*, surpris en plein mouvement par l'attaque des chars de la *1st Army Tank Brigade* britannique. Les Pak parvinrent à stopper les Mk VI B et Matilda I sous une avalanche d'obus. Mais la plupart des Matilda II, d'un blindage pouvant atteindre 78 mm, furent indifférents aux *Panzergranaten* de 37 et bousculèrent plusieurs servants et leurs pièces. La section du *SS-Untersturmführer* Lehmann, de la 2e compagnie, se sacrifia en poursuivant les chars et perdit ses trois pièces et sept hommes tués à Berneville, leur chef y compris.

The gun's four man crew are in position here with the layer gunner to the left, the loader to the right and the two ammunition bearers to the rear with 37 mm rounds at the ready.

For the SS-T-Panzerjäger-Abt. (mot), the time of glory and suffering came on May 21 south of Arras at Ransart and Beaumetz-les-Loges, when it had to bring its guns to bear in support of the 1st and 2nd battalions of SS-T-Inf.-Rgt. 2 (mot), surprised in the middle of advancing by a tank attack led by the British 1st Army Tank Brigade. The Pak guns managed to stop the Mk VI B and Matilda I tanks with an avalanche of shells. However, most of the Matilda II tanks, with armour reaching 78 mm in places, were not affected by the 37 mm Panzergranaten and overran several guns and their crews. The platoon led by SS-Untersturmführer Lehmann of the 2nd company, sacrificed themselves by following the tanks, losing their three guns and seven men killed at Berneville, including Lehmann.

Page 90

Le char d'infanterie britannique Mk. II, dit Matilda II, d'une masse de 26,5 tonnes, était le meilleur des blindés mis en œuvre par le BEF en France.

Un seul bataillon en était organiquement doté, le 7e du *Royal Tank Regiment*, unité organique de la *1st Army Tank Brigade*. Celui-ci a été détruit au sud d'Arras le 21 mai, là où les Matilda ont subi leur baptême du feu. Dans le secteur de la *SS-T-Division*, ils furent surtout arrêtés par les obusiers de campagne et les canons de 88 de la Flak tirant à vue directe, en même temps que par les stukas. Dans cette affaire, les Anglais perdirent finalement 46 ou 47 des chars qu'ils avaient engagés, dont 14 des 16 Matilda II.

The 26.5 tonne British Matilda II infantry tank was the best tank used by the BEF in France. Only one battalion was organically equipped with them, the 7th Royal Tank Regiment, an organic unit of the 1st Army Tank Brigade. This tank was destroyed south of Arras on May 21 where the Matildas underwent their baptism of fire. In the sector held by the SS-T-Division, they were mostly knocked out by field howitzers and 88 mm Flak guns firing over open sights, but also Stukas. During the course of this action, the British ended up losing 46 or 47 of the tanks that they sent forward, including 14 of the 16 Matilda IIs.

Page 91

Ici, nous avons affaire à un matériel français des plus récents, un Renault R 40, construit en série depuis le début de l'année seulement. Guère plus de 120 auraient été livrés avant l'armistice aux 25e, 40e et 48e BCC, et au régiment de chars de la 10e brigade blindée polonaise. C'est au 2e bataillon de ce dernier régiment qu'appartenait sans doute celui-ci, et plus précisément au détachement Chabowsky. Amenés à se replier vers le Sud-Ouest, ses 13 à 19 appareils, faute de pouvoir gagner Saint-Jean-de-Luz, durent être sabordés dans la nuit du 24 au 25 juin à Bazas (Gironde). C'est en gagnant son nouveau secteur le long de la nouvelle ligne de démarcation que l'avant-garde de la *SS-T-Division* les a découverts, bien que le gros des unités ne soit arrivé dans la région que le 27. En tous cas, les canons et obusiers du *SS-Gruf.* Eicke n'étaient pas responsables de leur destruction ! *(Voir à ce sujet* Militaria *n° 94, pp.36 à 41)*

The Renault R 40 seen here was one of the most up to date tanks in the French arsenal and had only started being made since the beginning of the year. Barely more than 120 had been delivered to the 25th, 40th and 48th BCC, and to the tank regiment of the 10th Polish armoured brigade. This one must have belonged to the 2nd battalion of this regiment, in particular the Chabowski party. Forced to retreat towards south-east France, its 13 to 19 tanks, unable to reach Saint-Jean-de-Luz, had to be destroyed during the night of June 24-25 at Bazas (Gironde). They were discovered by the advance units of the SS-T-Division when they arrived in their new sector along the demarcation line, even though the bulk of the units did not arrive in the region until the 27th. In any case, they were not knocked out by SS-Gruf. Eicke's guns and howitzers ! *(see* Militaria Magazine *No. 94, p 36 to 41)*

Page 92

Ces transmetteurs d'une équipe radio utilisent un poste émetteur-récepteur portatif d2, matériel standard du bataillon et du régiment d'infanterie dans toutes les divisions de campagne de la *Heer*. Il se compose d'une boîte-poste et d'une boîte d'alimentation. En terrain non accidenté, sa portée maximale est d'environ 16 000 mètres en télégraphie et 3 200 mètres en téléphonie, performances fort honorables pour l'époque.

These signallers of a radio team are using a two-man pack Trans/Receiver d2 that was the standard equipment within the infantry battalions and regiments of all Army field infantry divisions. It comprised of the actual radio and a separate accessory case. In flat terrain, its maximum range was 16,000 metres for telegraph messages and 3,200 vocally, a good performance for the time.

Page 93

Une patiente recherche nous a permis de localiser ce cliché, pris face au porche de l'église Sainte-Marguerite, à Hinges (Pas-de-Calais), village situé en bordure de la rive sud du canal de La Bassée, à 3 kilomètres au nord de Béthune.

L'officier portant lunettes penché au milieu de ses hommes ressemblant fort au *SS-Standartenführer* Max Simon, ce PC pourait être celui du *SS-T-Inf.-Rgt. 1 (mot)*, temporairement installé là, sinon le PC divisionnaire encore maintenu à Hinges le 28 mai au matin. Comme son voisin de droite, l'officier porte sur la manche la bande ornée d'une tête de mort de la *SS-T-Standarte 1* « Oberbayern » *(voir supra les commentaires relatifs à la photo de la page 85)*. Pour s'asseoir, les officiers ont naturellement emprunté des chaises dans l'église !

Après avoir tenté d'établir une tête de pont sur la rive nord le 24 mai, le régiment n'occupe pas de sous-secteur. Maintenu en réserve divisionnaire près de Labeuvrière et Lapugnoy, bien en arrière de la position de résistance, il ne prendra pas part à l'attaque du 27. Hinges abritant jusqu'alors le PC du *SS-Inf.-Rgt. 3 (mot)*, la scène pourrait se situer ce même 27 mai, au moment où ce dernier régiment est entièrement passé sur la rive nord du canal et où le *SS-T-Inf.-Rgt.* 1 se rassemble dans son ancien sous-secteur pour être à nouveau engagé. Les deux premiers bataillons du *SS-Standartenführer* Simon viendront prendre position sur le canal de Lawe durant la nuit, rejoints par le IIIe le lendemain matin.

Some painstaking research has allowed us to find out that this photo was taken opposite the porch of the Sainte-Marguerite church at Hinges (Pas-de-Calais), a village on the south bank of the La Bassée canal, 3 kilometres north of Béthune.

The leaning officer wearing glasses in the midst of his men looks very much like SS-Standartenführer Max Simon and this headquarters could be that of SS-T-Inf.-Rgt. 1 (mot) that was temporarily set up in this village, or even the divisional HQ still at Hinges on May 28 in the morning. Furthermore, the officer, along with the man on his right, wears the death's head cuff title of SS-T-Standarte 1 'Oberbayern' *(refer to the text concerning the photo on page 85)*. To rest their legs, the officers have naturally borrowed the chairs from the church !

After having tried to establish a bridgehead on the north bank on May 24, the regiment did not occupy a sub-sector. Held in reserve near Labeuvrière and Lapugnoy, well behind the frontline, it did not take part in the attack of May 27. Up to that point, the HQ of SS-Inf.-Rgt. 3 (mot) was at Hinges, therefore this photo could have been taken on the 27th at the time when the entire regiment had crossed over to the north bank of the canal and where SS-T-Inf.-Rgt. 1 was grouped in its old sub-sector. SS-Standartenführer Simon's first two battalions took up positions along the Lawe canal during the night and were joined by the 3rd the following morning.

Page 96

Ce *Kraftomnibus* (autocar) Mercedes-Benz Lo 2600 aménagé en bureau abrite la section cartographique divisionnaire, laquelle ne dispose autrement que d'une simple Kübelwagen. S'il est confortable, ce véhicule est néanmoins tributaire des bonnes routes ! Considérant la feuillaison à peine naissante, la scène se situe manifestement vers mars-avril 1940 en Westphalie, à l'époque où la division poursuivait tambour battant son instruction dans le cadre de la 2e armée.

This Mercedes-Benz Lo 2600 *Kraftomnibus* has been transformed into a mobile office for the divisional map-printing section which, apart from this vehicle, only had a standard Kübelwagen. Despite being a comfortable vehicle, it was dependent on good roads ! Judging from the barely budding leaves, the scene no doubt takes place in March-April 1940 in Westphalia, at the time when the Division was undergoing intensive training within the 2nd army.

Page 97

L'officier se trouve à la tourelle d'une automitrailleuse légère *[leichte Panzerspähwagen (MG)*, assortie du n° d'emploi SdKfz 221] timbrée d'une impressionnante tête de mort, l'emblème divisionnaire. Mais le groupe de reconnaissance ne sera pourvu de ce matériel... qu'en mai 1941, juste avant que la division quitte le Béarn et la Gascogne ! Une photo bien postérieure à la campagne de 1940, donc ! Au début de celle-ci, font encore office d'automitrailleuses dans la 3e compagnie (lourde) du groupe une section de six chars tchécoslovaques PzKpfw. 35 (t). Cette compagnie a été constituée à partir d'une première section de trois appareils créée fin novembre 1939, de fait la toute première unité de chars des Waffen-SS.

Le 23 mai, un train transportant 28 chars français tombe intact aux mains du SS-T-Inf.-Rgt. 3 (mot) à Chocques, à l'ouest de Béthune, ce qui permet à la compagnie, qui vient de perdre deux de ses six PzKpfw. 35 (t) près d'Arras, de remettre immédiatement en service trois chars de cavalerie Somua S 35 et trois chars légers Hotchkiss H 35 et Renault R 35, dûment ornés de *Balkenkreuze* et de têtes de mort. Ils appuieront les unités franchissant le canal de La Bassée le 27 mai.

Notons, ici aussi, le pistolet-mitrailleur Erma du motocycliste, une arme surtout destinée à l'exportation, peu courante dans les forces armées allemandes.

The officer is positioned in the turret of a light armoured scout car [*leichte Panzerspähwagen (MG)*, with the use number SdKfz 221] decorated with an impressive death's head, the divisional emblem. However, the reconnaissance battalion was not issued with this vehicle until... May 1941, just before the Division left the Béarn and Gascogne regions! At the beginning of the campaign, the 3rd (heavy) company of the battalion was using six Czechoslovakian made PzKpfw. 35 (t) tanks as armoured cars. This company was formed from a first platoon of three tanks at the end of November 1939 and was in fact the very first Waffen-SS tank unit.

On May 23, a train transporting 28 French tanks was captured intact at Chocques, east of Béthune, by SS-T-Inf.-Rgt. 3 (mot). This allowed the heavy company of SS-T-Aufklärungs-Abt. (mot), that had just lost two of its six PzKpfw. 35 (t) near Arras, to immediately repair three Somua S 35 cavalry tanks and three Hotchkiss H 35 and Renault R 35 light tanks that were painted with the Balkenkreuze and death's heads. They were used to support to units crossing the La Bassée canal on May 27.

Note also, the motorcyclist's Erma sub machine-gun, a weapon that was mostly made for the export market and not commonly seen in the German military forces.

Page 98

Nous avons bien sûr ici affaire à un véhicule français de prise, une automitrailleuse de découverte 35 Panhard 178 dont la tourelle a été ornée de la *Balkenkreuz* et de l'emblème divisionnaire. Il s'agit manifestement de l'un des deux voitures récupérées dans la poche de Dunkerque au début de juin par le *SS-T-Inf.-Rgt. 3 (mot)*, qui assurait alors la sûreté de la côte de la mer du Nord jusqu'à Gravelines, non loin de là. Elles ont été allouées à sa section de fusiliers motocyclistes *(Kradschützenzug)*. La scène a évidemment été photographiée au cours des semaines suivantes, lors de la marche vers le Sud.

La saisie du matériel adverse utilisable sur le champ de bataille par les unités SS engagées, des véhicules surtout, est alors officiellement recommandée par le directeur du service des armements et matériels des *Waffen-SS*. Il porte ainsi atteinte au monopole de la *Heer* dans ce domaine, laquelle s'efforcera de récupérer le maximum d'automitrailleuses Panhard.

Environ190 voitures, plus de la moitié du nombre total construit, seront employées à la fois par la *Heer* et la police allemande, sur le front de l'Est essentiellement.

The vehicle shown here is a captured French 'automitrailleuse de découverte' 35 Panhard 178 whose turret has been decorated with the Balkenkreuz and the divisional emblem. It is clearly one of the two armoured cars captured in the Dunkirk pocket at the beginning of June by SS-T-Inf.-Rgt. 3 (mot) that, at the time, was covering the North Sea coast as far as the nearby town of Gravelines. The two armoured scout cars were allocated to its motorcycle rifle platoon *(Kradschützenzug)*. This photo was obviously taken in the weeks that followed during the advance to the south.

Capturing usable enemy equipment on the field of battle by SS units, especially vehicles, was officially recommended by the Waffen-SS Ordnance Office. This was treading on the toes of the Army in this domain, which also tried to capture as many Panhard armoured cars as possible. Approximately 190 armoured cars, more than half of those made, were used by both the Army and the German police, mostly on the Eastern Front.

Page 99

Ce cliché, fort connu lui encore, montre la seconde AMD Panhard de la *Kradschützenzug* du *SS-T-Inf.-Rgt. 3 (mot)*. Il s'agit d'ailleurs ici d'un autre véhicule, une rare voiture blindée PC à deux antennes – produite à 24 exemplaires seulement ! – où la tourelle est remplacée par une casemate fixe démunie de canon pour abriter un gros poste ER 27 *(voir à ce sujet le périodique* GBM *n° 82, pp. 36 à 45)*. Ici encore, la scène se situe en juin, lors de l'une des rares escarmouches qui ont émaillé la marche accélérée vers le Lyonnais. Ce sont des motocyclistes de la même section, identifiables à leur surtout en toile caoutchoutée, qui font office d'infanterie d'accompagnement.

This is another well-known photo, showing the second AMD Panhard of the Kradschützenzug of SS-T-Inf.-Rgt. 3 (mot). This vehicle is also a rare twin-aerial armoured command post car of which only 24 were made ! The turret was replaced by a fixed casemate without a gun, made to take the large ER 27 radio (*concerning this subject, see the magazine* GBM *n° 82, pp. 36 to 45)*. Once again, this scene takes place in June, during one of the rare instances of enemy resistance during the long march towards the Lyon region. These are motorcyclists of the same unit used as support infantry and identifiable by their rubberised coats.

Pages 100-101

Fait de guerre, mise en scène ? Dans le premier cas, nous sommes sans nul doute ici encore en juin 1940, lors de la chevauchée qui en une semaine conduit la division de la Picardie jusqu'au Rhône.

La charge concentrée est constituée quand besoin est en liant plusieurs corps de grenades à manche modèle 1924 à une grenade complète.

An act of war, or pretence for the camera ? In the first case, we are no doubt still in June 1940 during the week long drive that took the Division from Picardy to the Rhone.

The concentrated charge was made, when needed, by binding together several model 1924 stick grenade heads to one grenade.

Page 102

Cette photo, comme les trois suivantes et celles des pages 108-109, sent la mise en scène et plus l'opération de police que la guerre. De plus, ici encore, l'architecture de l'habitat révèle une région nettement plus méridionale que l'Artois. Sommes-nous en juin, voire en juillet-août 1940, dans la région d'Avallon (Yonne), où la *SS-T-Division* assure alors la sûreté de la ligne de démarcation ?

Comme de règle, l'arme automatique collective du groupe de combat d'infanterie motorisée est un fusil-mitrailleur tchécoslovaque MG 26 (t) ou 30 (t).

This photo, like the three that follow and those on pages 108-109, looks like it is has been made for the benefit of the camera and even more so, a police, rather than a combat operation. Also, once again, the architecture looks more southern and is not that typically found in the Artois. Are we in June, or even July-August 1940, in the region of Avallon (Yonne), where the SS-T-Division was ensuring the security along the demarcation line ?

As was standard practice, the crew-served automatic weapon of the motorised infantry section is the Czechoslovakian MG 26 (t) or 30 (t) light machine-gun.

Page 105

Loin de là, dans plusieurs villages d'Artois, de telles scènes ont connu hélas ! un dénouement tragique. S'il faut en croire le jeune historien J.-L. Leleu (*voir en bibliographie)*, les 21 et 22 mai à Mercatel, Simencourt, Hermaville, Habarcq, Vandelicourt et Aubigny, près d'Arras, le 24 mai à Hinges et Beuvry, le long du du canal de La Bassée, et le 28 mai à Laventie et Richebourg, plus au nord, des éléments des trois régiments d'infanterie divisionnaires et du bataillon du génie ont globalement fusillé sans jugement entre 200 et 250 civils, habitants ou réfugiés. Il s'agissait le plus souvent de représailles aveugles, à leurs yeux justifiées. Comme leurs aïeux de 1870, une véritable psychose du franc-tireur hantait les hommes du *SS-Gruppenführer* Eicke, liée à la volonté d'obtenir la sécurité immédiate dans leur zone d'action. Et quand ils venaient de subir des pertes, ils considéraient comme impardonnable l'aide réelle ou supposée que les civils avaient pu apporter aux soldats britanniques et même français. Enfin, la « dureté » morale que le *SS-Gruppenführer* Eicke avait inculquée à ses gardiens de camps des SS-TV du temps de paix leur rendait certainement plus aisée l'exécution de ces mesures outrancièrement brutales, d'autant plus que certains d'entre eux s'étaient déjà familiarisés avec en septembre 1939 en Pologne. Reste que leur chef ne les a certainement pas toutes ordonnées et que nombre d'officiers les réprouvaient, comme l'indique encore J.-L. Leleu. Elles ne furent d'ailleurs pas l'apanage de sa division.

Il y eut aussi quelques pillages et dans un ordre du jour du 1er juin, le *SS-Gruppenführer* Eicke dut rappeler que les biens de la population civile étaient chose sacrée.

Far from here, in several Artois villages, such scenes sadly ended tragically. If we are to believe the young historian J.-L. Leleu *(see bibliography)*, on May 21 -22 at Mercatel, Simencourt, Hermaville, Habarcq, Vandelicourt and Aubigny, near Arras, May 24 at Hinges and Beuvry along the La Bassée canal and May 28 at Laventie and Richebourg to the north, elements of the Division's three infantry regiments and the engineer battalion, shot without trial between 200 and 250 civilians, either from the population or refugees. These were often acts of blind reprisal that were, in their eyes, justified.

As had been the case in 1870, the men commanded by SS-Gruppenführer Eicke were convinced of franc-tireur activity and were also determined to establish immediate security within their zone of action. When they suffered losses, they considered that the real or supposed help given by civilians to British, or even French soldiers was unforgivable. Finally, the moral 'toughness' that SS-Gruppenführer Eicke had instilled in his men whilst peacetime prison guards at the SS-TV camps, made easier the carrying out of these outrageously brutal measures. Also, many of the men had already been familiar with such acts during the Polish campaign in September 1939. It remains that Eicke certainly did not order all of these exactions and that many officers did not approve them, as shown once again by J.-L. Leleu. The 'Totenkopf' were also not the only division to carry out such executions.

There were also some instances of looting and in his order of the day dated June 1, SS-Gruppenführer Eicke had to remind his men that civilian property was sacred.

Pages 108-109

Ces fusiliers-voltigeurs reprennent place dans trois camions de 3 tonnes Opel-Blitz

type 3,6-36 S à roues avant non motrices. Le camion qui fut construit en plus grand nombre pour l'usage militaire allemand dans le cadre du programme Schell visant à une certaine standardisation du parc automobile. Il s'agit ici de la version à caisse à ridelles très hautes et plancher bas. Les premiers ont été livrés aux SS-TV au cours de l'hiver 1938-1939. C'est, dans la *SS-T-Division*, le véhicule de transport habituel des compagnies de fusiliers-voltigeurs.

These riflemen return to their rear wheel drive 3 tonne Opel-Blitz type 3,6-36 S trucks. This truck was made in great numbers for the German military as part of the Schell program that aimed at achieving a standardised military transport. The trucks shown here are the version with very high side boards and a low floor. The first of these vehicles were delivered to the SS-TV in the winter of 1938-1939. This was the most commonly used vehicle within the SS-T-Division for transporting riflemen companies.

Page 110

En réalité, la « fuite » des troupes britanniques fut couverte par une artillerie aussi précise qu'agressive, qui bloqua l'avance de la division sur le canal de la Lys et ne lui permit d'entamer sa « course-poursuite » jusqu'à Bailleul, limite fixée par le général Hoth, qu'après s'être tue. Le *SS-T-Inf.-Rgt. 2 (mot)* atteint la ville le 29 mai en fin d'après-midi. Une fraction de la division y séjourne les 29 et 30 mai, le gros étant maintenu au repos plus au sud, aux alentours du Doulieu, de Vieille-Chapelle et d'Estaires.

Notons que l'insigne peint sur l'aile de la voiture standard tous terrains moyenne 4 x 4 figurant à gauche est celui de la 61e division d'infanterie de l'armée de terre et non celui de la *SS-T-Division*. Cette grande unité était alors rattachée au IVe corps de la 6e armée allemande qui, attaquant par le nord-est, s'employait à couper la poche en deux, conjointement avec la 4e armée. Elle a fait sa jonction avec le XVIe corps motorisé de cette dernière le 29 mai à Armentières, au sud-est de Bailleul.

Les rues sont encombrées d'épaves de véhicules militaires français ; à droite, l'on reconnaît celle d'une voiture légère mobilisée dans la 6e région.

In reality, the withdrawal of the British forces was covered by artillery units that were as accurate as they were aggressive, managing to hold up the Division's advance at the Lys canal and its 'chase' as far as Bailleul, the town that had been decreed as the limit of the advance by general Hoth. SS-T-Inf.-Rgt. 2 (mot) reached the town at the end of the afternoon on May 29. Part of the Division stayed there on May 29-30, with the bulk of the units resting further south around Le Doulieu, Vieille-Chapelle and Estaires.

Note that the painted insignia on the standard medium four-wheel drive car is that of the Army 61st Division and not that of the SS-T-Division. At this time, the 61st was attached to the IV Corps of the 6th German Army which, by attacking by the north-east, was attempting to cut the pocket in two along with the 4th Army. It linked up with the motorised XVI Corps of the 4th Army on May 29 at Armentières, south-east of Bailleul.

The streets are littered with wrecked French military vehicles; to the right we can make out a light car mobilised in the 6th region.

Page 111

Des débris de la *British Expeditionnary Force* ? Sans doute, mais l'épave visible au premier plan est celle d'un camion militaire français, un Renault AGK ou AGR. Figurent peut-être là des véhicules de la 1re ou de la 3e DLM, qui refluent vers Dunkerque, à 40 kilomètres à vol d'oiseau. A l'arrière-plan, le clocher de l'église Saint-Vaast.

British Expeditionary Force wreckage ? No doubt yes, but the wreckage in the foreground is that of a French military truck, a Renault AGK or AGR. These are perhaps vehicles belonging to the 1st and 3rd DLM that were withdrawing towards Dunkirk, 40 kilometres away as the crow flies. We can see the bell-tower of the Saint-Vaast church in the background.

Page 112

En mars-avril 1918, la ville fut détruite à plus de 90 % par les bombardements et les tirs d'artillerie allemands. Comme cette photo le prouve, les dégâts occasionnés en mai 1940, quoique importants, sont sans commune mesure. Ces chevaux morts n'appartenaient pas, eux non plus, au BEF entièrement motorisé. A l'arrière-plan, le beffroi de l'hôtel de ville.

90% of the town was destroyed by German shellfire in March-April 1918. As we can see in this photo, the damage caused by the fighting in May 1940, albeit serious, was nothing in comparison. These dead horses are not from the BEF either as it was entirely motorised. In the background we can see the belfry of the town hall.

Page 113

La place du marché est en fait la Grand'Place, vue ici en regardant vers le sud-ouest. Au milieu des véhicules allemands apparaissent plusieurs véhicules français, abandonnés ou déjà intégrés à la SS-T-Division, qui complète systématiquement son parc automobile sur le terrain. Tel est le cas du camion Berliet GDRA de 5 tonnes visible à gauche, dont la portière s'orne des runes SS !

La dernière phrase de la légende fait-elle allusion au fait qu'au cours de la Première Guerre, la ville de Bailleul a, avec une certaine gaieté de cœur, abrité de nombreuses troupes britanniques et services alliés, ce qui a certes troublé la vie quotidienne, mais néanmoins favorisé le commerce local ?

The market place was in fact the main square, seen here from the south-east. Several French vehicles can be seen in the midst of the German vehicles, either abandoned or already in use within the SS-T-Division, that always filled in the gaps of its normal allotment when on campaign. This is the case of the 5 tonne Berliet GDRA truck on the left, whose door has been painted with SS runes !

Does the last sentence of the caption refer to the Great War ? The town of Bailleul had, with a certain cheerfulness, been home to many allied units and British troops, no doubt disturbing daily life, but which, nonetheless, boosted local business.

Page 114

L'hôtel de ville se trouve lui aussi sur la Grand'Place. Le 30 mai, le *Reichsführer SS* Himmler en personne se trouve à Bailleul, fort mécontenté par l'image que l'affaire du Paradis – et d'autres – donne de la *SS-T-Division* au sein de la Wehrmacht, tout autant que par les pertes subies à la suite des conceptions tactiques hasardeuses du *SS-Gruppenführer* Eicke. Il a avec lui une entrevue mouvementée, mais intervient néanmoins pour que des décorations puissent être remises à ses hommes, ce à quoi le *General der Kavallerie* Hoepner se refusait à la suite à l'exécution sommaire des prisonniers du *2nd Royal Norfolk* trois jours plus tôt.

The town hall is also on the main square. On May 30, Reichsführer SS Himmler himself was at Bailleul and somewhat displeased with the events of Le Paradis, as well as others, that had given the SS-T-Division a bad reputation with the Wehrmacht. He was also unhappy at the losses suffered due to the flimsy tactical planning shown by SS-Gruppenführer Eicke. There was a stormy meeting between the two men, but Eicke still managed to convince Himmler that his men deserved medals. This was, however, turned down by General der Kavallerie Hoepner due to the summary execution of the 2nd Royal Norfolk prisoners three days previously.

Page 115

L'homme en question, le *SS-Scharführer Karl Supp*, est le second en partant de

la gauche *(voir à ce propos supra les précisions relatives au texte de la page 32)*. Son grade correspond à celui de maréchal des logis-chef. Ses deux voisins de gauche, un *Unterscharführer* (maréchal des logis) et un *Oberscharführer* (adjudant), appartiennent eux aussi au régiment d'artillerie, comme l'indique l'insigne de spécialité de pointeur cousu sur leur manche (le premier pourrait être le *SS-Uscha.* Hermann Senkter, chef de la 2e pièce de la 7e batterie du IIIe groupe, qui s'est distingué le 27 mai en appui du *SS-T-Inf.-Rgt. 2 (mot)* devant Le Paradis, en même temps que le *SS-Scha. Supp*). L'officier figurant à gauche, le *SS-Obersturmführer* Richberg, appartient par contre au Ier groupe. Continuant de porter leurs marques de grade sur la patte de collet gauche, tous proviennent des SS-TV du temps de paix sinon de la SS-VT, cas de tous les officiers et de l'immense majorité des sous-officiers.

Jusqu'au 1er juillet, 2 % des effectifs de la division – soit 384 officiers, sous-officiers et hommes de troupe – ont reçu la Croix de fer de 2e classe, le *SS-Gruppenführer* Eicke estimant cependant que 5 % en étaient dignes. Fait plus surprenant encore, 26 Croix de 1re classe seulement auraient été attribuées à cette date. Le commandant de la division la reçoit lui-même le 30 mai des mains d'un *General der Kavallerie* Hoepner très réticent. Partant, il n'est guère surprenant qu'aucune croix de chevalier n'ait été attribuée à la *SS-T-Division* à la suite de la campagne de 1940, quand la *SS-Leibstandarte A.H.* et la *SS-V-Division* en recevaient ensemble six.

The man in question, SS-Scharführer Karl Supp, is the second from the left *(on this subject see above the details concerning the text page 32)*. His rank corresponds to that of sergeant or staff sergeant in the British Army. The two men to the left of him, an Unterscharführer (corporal) and an Oberscharführer (2nd Warrant Officer), also belong to the artillery regiment, as shown by the gun layer insignia sewn on their sleeves [the first man could be SS-Uscha. Hermann Senkter, chief of the 2nd piece section, 7th battery, 3rd battalion, that distinguished itself in front of Le Paradis on May 27, along with SS-Scha. Supp, whilst supporting SS-T-Inf.-Rgt. 2 (mot)]. The officer on the left is SS-Obersturmführer Richberg of the 1st battalion. All of these men are from either the peacetime SS-TV or SS-VT (this was the case of the great majority of officers and NCOs) and continue to wear their rank insignia on their left collars.

Up to July 1, 2% of the Division's strentgh, 384 officers, NCOs and men, had received the Iron Cross 2nd Class, with SS-Gruppenführer Eicke estimating that 5% were worthy of the award. What is all the more surprising is that only 26 Iron Crosses 1st Class would have been awarded up to that date. The commander of the Division received it himself on May 30 from the somewhat reticent hands of General der Kavallerie Hoepner. It is hardly surprising, therefore, that the SS-T-Division was not awarded a single Knight's Cross for the 1940 campaign, whereas six were awarded to the SS-Leibstandarte A.H. and the SS-V-Division.

Page 116

Ces partisans d'Anton Mussert, le chef du NSB *(Nationaal-Socialistische Beweging in Nederland)*, un mouvement d'inspiration fasciste, sinon vraiment nationale-socialiste, qui s'est délibérément rangé aux côtés de l'Allemagne, saluent ici les passagers d'un camion Mercedes-Benz L 3000 S de 3 tonnes, matériel qui commence tout juste d'être construit pour l'usage militaire. Il porte sur son aile le signe tactique de la 9e batterie du IIIe groupe du régiment d'artillerie divisionnaire, aux ordres du *SS-Hauptsturmführer* Franz Jakob. La scène se situe apparemment le 1er juin, quand les unités, quittant leur secteur de repos, gagnent la côte dont elles doivent assurer la sûreté.

These followers of Anton Mussert, the leader of the NSB *(Nationaal-Socialistische Beweging in Nederland)*, a fascist movement, if not really national-socialist, that deliberately took the side of Germany, are seen here saluting the passengers of a 3 tonne Mercedes-Benz L 3000 S truck, a vehicle that had just started to be built for military use. Its wing bears the tactical insignia of the 9th battery, 3rd battalion of the divisional artillery, commanded by SS-Hauptsturmführer Franz Jakob. The scene apparently takes place on June 1 when the units were leaving their rest sector and setting off towards the coast that they were assigned to secure.

Page 118 (texte)

En fait, la division n'a combattu qu'en Artois.

In actual fact, the Division only fought in the Artois.

Page 119

Rattachée au XVIe corps d'armée motorisé jusqu'au 2 juin, puis au *IVe Armeekorps* du 2 au 6, la *SS-T-Division* a pour mission de prévenir toute tentative de débarquement sur les côtes de la mer du Nord et de la Manche, entre Gravelines et Etaples, sur un front de... 100 kilomètres ! Et cela tout en assurant la garde des installations militairement importantes et des stocks de prises de guerre, en procédant de surcroît à la remise en condition du personnel et du matériel... La menace ne devait pas être prise bien au sérieux ! En pratique, la défense est axée sur des points forts comme Boulogne-sur-Mer et Calais, et, ainsi que le souligne le texte de la page 118, la semaine du 31 mai au 5 juin fut surtout considérée par les *SS-Männer* comme une période de vacances, à l'exception des armuriers, des tailleurs, des cordonniers, des mécaniciens des trois compagnies de réparation du matériel automobile et des échelons d'entretien, qui durent travailler jour et nuit pour remettre en état le matériel et l'habillement utilisés intensément dix jours durant.

Attached to the motorised XVI Army Corps until June 2, then to the IV Armeekorps from June 2-6, the SS-T-Division was given the mission to prevent the North Sea and Channel coast against any attempt to land between Gravelines and Etaples, a front of 100 kilometres ! All this had to be done whilst also guarding militarily important installations and valuable war booty, and refitting. The threat of a landing was obviously not taken seriously! In reality, the defence hinged on strong points such as Boulogne-sur-Mer and Calais. As the text on page 118 states, the week of May 31 to 5 June was above all considered by the SS-Männer as a holiday period, except for the armourers, tailors, shoesmiths and mechanics of the three workshop companies and maintenance units that had to work day and night in order to repair the clothing and materiel that had been used intensely over a ten day period.

Page 120

La scène se situe sur la digue Sainte-Beuve, à Boulogne-sur-Mer, où a été inauguré le 9 juillet 1911 le monument figurant au premier plan. Détruit au cours de la Seconde Guerre mondiale, il commémorait la disparition du capitaine d'artillerie Ferdinand Ferber, l'un des pionniers de l'aviation française, tué accidentellement le 22 septembre 1909 sur l'aérodrome de Beuvrequen aux commandes d'un biplan Voisin. Sur la colonne est gravé le titre du livre qu'il a publié en 1908.

Boulogne se trouve alors dans le sous-secteur alloué au *SS-T-Inf.-Rgt. 1 (mot)*.

The scene takes place on the Sainte-Beuve sea wall at Boulogne-sur-Mer, where, on 9 July 1911, the monument in the foreground was inaugurated. It was destroyed during the course of the Second World War and commemorated the death of artillery captain Ferdinand Ferber, a French aviation pioneer who was killed in a flying accident in a Voisin biplane at Beuvrequen aerodrome on 22 September 1909. The column bears the title of a book that he published in 1908.

At this time, Boulogne was in the sub-sector allocated to SS-T-Inf.-Rgt. 1 (mot).

Page 121

Ce canon de marine de 194 mm modèle 1902 sur berceau Saint-Chamond appartenait à la batterie de côte du fort de la Crèche, à Boulogne-sur-Mer ici encore. C'est seulement au début de 1936 que, remaniée, la batterie a reçu quatre pièces de ce modèle, installées dans de vastes cuves, tout en conservant ses matériels obsolètes (deux pièces de 240 G modèle 1876 et deux canons de 95 modèle 1888-1904 Lahitolle), sans compter quatre tubes de 75 de DCA. Le 21 mai, ordre a été donné de les faire sauter, mais seule la pièce n° III fut mise hors d'usage. Dans la nuit du 22 au 23, les trois autres canons purent ainsi tirer sur les chars, fantassins et colonnes de la *2e Panzerdivision* arrivés au contact, avant qu'ils ne fussent eux-mêmes soumis à des tirs de contre-batterie et que, devenus inutiles, le lieutenant de vaisseau de Forton, commandant de batterie, ne fasse mutiler leurs filets de culasse. La pièce n° IV avait déjà été touchée par un coup direct. Le fort est finalement tombé aux mains de l'ennemi le 23 mai à 9 h 45.

Les quatre pièces sont remises en état début juin et prises en charge par une batterie du *Marine-Artillerie-Abteilung 240*, la 3e de l'*Oberleutnant (MA)* P.-H. John. Des canonniers du groupe d'artillerie lourde de la *SS-T-Division* viennent effectivement les servir, apparemment pour le seul plaisir ! *(Nous remercions M. Alain Chazette, qui nous a aimablement fourni ces précieux renseignements.)*

This 194 mm model 1902 naval gun on a Saint-Chamond cradle mounting was part of the coastal battery at the La Crèche fortifications at Boulogne-sur-Mer. It was only in 1936 that the battery was re-equipped with four guns of this model, placed in deep pits. The fort still retained, however, its obsolete guns (two 240 mm G model 1876 and two 95 mm model 1888-1904 Lahitolle), not counting four 75 mm anti-aircraft guns. On May 21, the order was given to spike to guns, but only the number 3 gun was put out of action.

During the night of May 22-23, the other three guns were able to fire on tanks, infantry and the columns of the 2nd Panzerdivision that had reached the area, before being subjected to counter-battery fire. With the guns now useless, Lieutenant de Vaisseau de Forton, the battery commander, ordered his men to damage to breech threads. The fort finally fell into enemy hands at 09.45 hrs on May 23.

The four guns were repaired at the beginning of June and taken over by the 3rd battery, commanded by Oberleutnant (MA) P.-H. John of Marine-Artillerie-Abteilung 240. The gunners of the SS-T-Division's heavy artillery battalion came to use the guns apparently just for fun ! *(Thanks to Alain Chazette who was kind enough to provide us with this information).*

Page 122

Cette photo n'étant pas située, il est difficile de savoir à quelle unité peuvent appartenir ces « Tommies » dirigés vers un centre de rassemblement de prisonniers. Toutefois, comme le cliché de la page suivante, pris au même endroit, montre des soldats français dans la même situation, nous avons probablement affaire à des prisonniers faits le 29 mai entre le canal de la Lys et Bailleul, au moment où les *2nd* et *44th Infantry Divisions* cessent toute résistance pour tenter de gagner Dunkerque à leur tour.

L'« insolente » mais célèbre chanson *The Washing on the Siegfried Line*, scie incontournable de 1939-1940, était l'œuvre de Jimmy Kennedy (musique) et Michael Carr (paroles anglaises). La version française de Paul Misraki – intitulée *On ira pendre notre linge sur la ligne Siegfried !* –, était interprétée en France par Ray Ventura et ses collégiens. Notons que pour les Allemands, cette ligne fortifiée ne s'est jamais appelée que *Westwall*, « mur de l'Ouest » !

Without knowing where this photo was taken, it is difficult to know to which unit these 'Tommies', being led towards a POW collecting point, belong. However, as the photo on the next page, taken at the same place, shows French soldiers in the same situation, these British POWs are probably soldiers captured on May 29 between Bailleul and the Lys canal , when the 2nd and 44th Infantry Divisions ceased all resistance in an attempt to reach Dunkirk.

The 'cheeky', but famous song, *'We're going to hang out the washing on the Siegfried Line'*, a big hit in 1939-1940, was written by Jimmy Kennedy (music) and Michael Carr (lyrics). There was also a French version by Paul Misraki, entitled *' On ira pendre notre linge sur la ligne Siegfried !'*, played by 'Ray Ventura et ses collégiens'.

The Germans never actually called these fortifications the Siegfried Line. It was known to them as the *Westwall*.

Page 123

Cette photo a été prise au même endroit que la précédente. L'on en sait guère plus sur ces soldats français, des cavaliers, marchant en triste colonne, leurs officiers en tête. Des éléments de la 1re DLM ? Il est navrant de constater que les prisonniers britanniques, défilant en ordre, sourire aux lèvres, chantant même, faisaient une bien meilleure impression au vainqueur que leurs alliés français.

This photo was taken at the same place as the previous one. We hardly know any more about these French soldiers, cavalrymen marching in a sad column led by their officers. Perhaps they are from the 1st DLM ? Note the contrast between these French prisoners and the British, who marched in an orderly fashion, with a smile on their faces and even singing at times, thus giving a far better impression to the victors.

Page 124

Comme des camarades... Cette remarque n'est ambiguë que dans sa formulation. Pour les Allemands des premières décennies du XXe siècle, même avant l'éclosion du national-socialisme, employer des troupes noires dans un conflit entre Européens était extrêmement choquant. En outre, les tirailleurs sénégalais avaient à leurs yeux une réputation de sauvagerie bestiale et pour tout dire, ils les craignaient. D'ailleurs, la campagne anticolonialiste organisée en 1939-1940 par les services de propagande du Reich, les laissant de côté, ne visait que nos formations à recrutement maghrébin. Les mêmes services attribuaient aux tirailleurs africains nombre d'atrocités et présenteront à l'envi au public allemand films et photos les montrant prisonniers, suggérant par là que l'armée française – reflet d'une nation par conséquent dégénérée à leurs yeux – en était réduite à se faire défendre par des « nègres » *(consulter à ce propos l'ouvrage de R. Scheck cité en bibliographie).*

Ce cliché rappelle aussi que les derniers combats de la division furent livrés contre des Noirs les 19 juin à L'Arbresle et le 20 à Lentilly, au nord-ouest de Lyon, par des éléments des Ier et IIe bataillons et du *SS-T-Inf.-Rgt. 1 (mot)*, appuyées par une section de la compagnie de canons d'infanterie régimentaire et la 5e batterie du régiment d'artillerie. Leur firent face une puis deux compagnies renforcées du 2e bataillon du 25e régiment de tirailleurs sénégalais, qui se défendirent avec un acharnement exemplaire jusqu'au corps à corps, coupe-coupe au poing. Mais de nouveaux bruits ont couru, fâcheux. Bien que les survivants de la *SS-T-Division* l'aient nié, il est attesté que des tirailleurs ont été sommairement exécutés après avoir été faits prisonniers. Des représailles, cette fois encore ?

A ce sujet, les sources divergent, manquent de précisions et de certitudes. Fût-ce déjà le cas à Clamecy (Nièvre) le 18 juin ? Il semble plus fermement établi que 18 ont ainsi été abattus à Lentilly le 20 juin par la 3e section (*SS-Oberscharführer* Riffelmacher) de la 1re compagnie (*SS-Hauptsturmführer* Kurtz). Cela faisait suite, cette fois encore, à un âpre et difficile combat. Une dizaine d'autres auraient subi le même sort ce jour-là du fait des Waffen-SS. Dans le même secteur, il faut l'avouer, les formations de la *Heer* ont eu la main bien plus lourde, notamment l'*Inf.-Rgt. (mot)* « Großdeutschland » ! En tous cas, ce ne fut pas systématique, car le reliquat des Sénégalais capturés à Lentilly par le régiment du *SS-Standartenführer* Simon et dirigé sur L'Arbresle, quelque 200 hommes, a été épargné.

Sur les 6 088 prisonniers faits par la division du 14 au 19 juin entre la Marne et le Rhône, l'on dénombrait déjà 62 hommes de couleur. Ceux qui apparaissent ici en faisaient-ils partie ? Mais la photo a pu être prise en juillet-août au camp de prisonniers d'Auxerre (Yonne) dont le *SS-T-Artillerie-Rgt. (mot)* assurait alors la garde.

'Like comrades'. This remark is only ambiguous in its wording. For the German people of the first decades of the 20th century, even before 1933, the use of black troops in a European conflict was extremely shocking. Added to this, the 'tirailleurs sénégalais' had, in their eyes, a reputation of savage bestiality and if all is said and done, the Germans feared them. Also, the anti-colonial campaign of 1939-1940 orchestrated by the propaganda services of the Reich, overlooked them, concentrating instead on the Moroccan and Algerian troops. The same propaganda services also attributed atrocities to the African 'tirailleurs' and continually showed the German public films and photos of coloured prisoners, thus suggesting that the French Army which in their eyes mirrored a degenerate nation, was reduced to defending itself with 'Negroes' (*for further reading on this subject see the book by R.Scheck cited in the bibliography).*

This photo also reminds us that the Division's last fight was against coloured troops on June 19 at L'Arbresle and the 20th at Lentilly, north-east of Lyon, by elements of the 1st and 2nd battalions of SS-T-Inf.-Rgt. 1 (mot), supported by a platoon of regimental infantry artillery and 5th battery of the artillery regiment. Opposing them was one, then two strengthened companies of the 25th regiment of 'tirailleurs sénégalais', who fought back in an exemplary fashion, brandishing their traditional hewers in the hand to hand fighting.

However, fresh embarrassing rumours abounded. Despite the denials of surviving SS-T-Division men, it was said that several 'tirailleurs' were summarily executed after being taken prisoner. Were these reprisals once again ?

Concerning this subject, sources differ, lack detail and certainty. Had something similar already taken place at Clamecy (Nièvre) on June 18 ? It would appear to be more clearly established that, on June 20, eighteen men were executed by the 3rd platoon (SS-Oberscharführer Riffelmacher) of the 1st company (SS-Hauptsturmführer Kurtz). This took place, once again, after a long and difficult fight. Ten others suffered the same fate at he hands of the Waffen-SS on this day.

It should be stated that Army units in the same sector, carried out even heavier exactions, this was notably the case with Inf.-Rgt. (mot) 'Grossdeutschland' !

It was not, in any case, systematic, as the 200 or so Senegalese soldiers captured at Lentilly by SS-Standartenführer Simon's regiment and led to L'Arbresle were spared.

Out of the 6,088 men captured by the Division in the period June 14-19 between the rivers Marne and Rhône, 62 were coloured. Are the ones seen here of this number ? However, the photo could have been taken in July-August at the Auxerre (Yonne) POW camp, guarded at the time by the SS-T-Artillerie-Rgt. (mot).

Page 125

Sur l'ensemble du territoire national, le cessez-le-feu est entré en vigueur le 25 juin à 1 h 35. La campagne a finalement coûté à la *SS-Totenkopf-Division* 339 tués (dont 18 officiers), 781 blessés (dont 34 officiers) et 32 disparus.

The ceasefire became effective all over France at 01.35 hrs on June 25. Total casualties for the SS-Totenkopf-Division for the campaign were 339 killed (including 18 officers), 781 wounded (including 34 officers) and 32 missing.

Le SS-Obergruppenführer Theodor Eicke

Sur ce célèbre cliché pris à l'été ou l'automne 1942, Theodor Eicke arbore les nouvelles pattes de collet adoptées vers le mois d'avril pour les officiers des grades les plus élevés des SS, dans son cas avec les insignes de *SS-Obergruppenführer und General der Waffen-SS*, grade équivalent à celui de général de corps d'armée, dans lequel il a pris rang du 20 avril.

Sur sa poche de poitrine se détachent l'insigne du parti en or, attribué le 30 janvier 1940 pour avoir rendu d'éminents services à l'État et au NSDAP, la Croix de fer de 1re classe, qui lui a été remise le 30 mai suivant à Bailleul par le *General der Kavallerie* Hoepner, et l'Insigne des blessés en argent, fruit d'une blessure reçue le 7 juillet 1941 sur la ligne Staline. Au col, la croix de chevalier de la Croix de fer, attribuée le 26 décembre 1941, surmontée des feuilles de chêne qui lui ont été remises le 26 juin précédant la photo à la *Wolfschanze* par le Führer en personne, pour compter du 20 avril.

Son unité étant entre temps devenue la *SS-Panzer-Grenadier-Division « Totenkopf »*, il trouvera la mort le 26 février 1943 en Russie, dans le monoplan Fieseler « Storch » à bord duquel il effectuait une reconnaissance au sud de Kharkov.

Une personnalité troublante... Au premier abord, un « Prussien » brutal et dénué d'humour, tout droit sorti d'un conte de Daudet ou de Maupassant. Il lui échut de surcroît la peu valorisante tâche d'apporter la touche définitive à l'organisation du système concentrationnaire mis en place par le régime national-socialiste. Même dans l'Allemagne de l'époque, surtout dans la *Wehrmacht*, cela suscitait un mépris mêlé de dégoût. Pour sa part, il se considérait, derrière les barbelés, comme un soldat de première ligne face à l'ennemi de l'intérieur !

Il naît le 17 octobre 1892 sur le plateau lorrain, à Hampont devenu Hüdingen par suite de l'annexion au Reich. Son père, chef de gare de la ville, est originaire du Harz. Sans poursuivre ses études, il s'engage dès 1909, à 17 ans, au 23e régiment d'infanterie royal bavarois « König Ferdinand von Bulgarien ». Il terminera la guerre, faite entièrement sur le front français, simple sous-officier comptable *(Unterzahlmeister)* à la 6e compagnie de mitrailleuses de remplacement du IIe corps d'armée, titulaire de la Croix de fer de 2e classe, de l'Ordre du mérite bavarois de 2e classe et de la Croix du mérite de guerre brunswickoise de 2e classe.

Les années de l'après-guerre, si difficiles en Allemagne, ne lui permettent guère de s'établir. Tentant de faire carrière dans la police de différentes villes, il est remercié à chaque fois du fait de son activisme virulent contre la république de Weimar, sans doute dans les rangs de quelque organisation de la droite radicale ou corps-franc. Il ne trouve un emploi stable qu'en 1923, à l'usine BASF de Ludwigshafen (Palatinat rhénan), plus tard absorbée par la IG-Farben. Il y assistera le chef du service de sécurité intérieur jusqu'en 1932. Cela lui permet enfin de faire vivre sa femme Bertha et ses deux enfants.

Volontaire dans les SA le 28 août 1928, il s'inscrit au NSDAP le 1er décembre suivant, dont il reçoit la carte n° 114 901. Puis il passe dans les SS parmi les premiers, le 29 juillet 1930, avec le *SS-Nummer 2 921*. Dès lors, son sens du commandement et de l'organisation, qui n'avaient su jusqu'alors s'exercer, vont pouvoir donner toute leur mesure. Remarqué par le *Reichsführer* SS Himmler, il va faire l'objet d'une promotion fulgurante ! Dès le 15 novembre 1931, il est promu *SS-Standartenführer* et placé à la tête de la *10e SS-Standarte*, celle du Palatinat rhénan. Mais, accusé de fomenter des attentats et des assassinats politiques, il est arrêté en mars 1932 et condamné à deux ans de réclusion. Il perd naturellement son emploi à la IG-Farben. Libéré conditionnellement – et complaisamment – pour raison de santé, il reprend ostensiblement ses activités dans les SS et se heurte violemment au *Gauleiter* du NSDAP Bürckel, ce qui contraint Himmler à l'exiler discrètement en Italie, tout en le nommant *SS-Oberführer* le 26 octobre.

Rapatrié au début de 1933 après que Hitler soit devenu chancelier, sa soif d'indépendance l'amène à séquestrer le *Gauleiter* Bürckel, lequel, libéré par la Schupo, parvient à le faire interner à Würzburg... dans un établissement psychiatrique. Il n'y reste que trois mois et dès juin, Himmler lui confie le camp de concentration de Dachau qui vient de s'ouvrir, comme plusieurs autres, pour interner préventivement et temporairement les ennemis potentiels de l'État non justiciables des juridictions normales. Diverses catégories d'« associaux » les rejoindront. Si d'autres camps sont confiés aux SA, Dachau dépend strictement des SS. Son premier chef, assisté d'éléments médiocres, a fait inutilement périr plusieurs détenus. Eicke va y remettre de l'ordre, épurer le personnel et instaurer un règlement rigoureux à la fois pour les détenus et leurs gardiens. Il en découle qu'un fossé infranchissable doit être dressé entre eux. Mais les punitions qu'il prévoit relèvent d'une sévérité d'un autre âge, le fouet notamment, et il lui faudra vite en rabattre.

Malgré tout, son succès ne passe pas inaperçu et lui vaut une promotion au grade de *SS-Brigadeführer* le 30 janvier 1934. Le 20 juin, il est nommé *Führer in Stab* du Reichsführer SS, dont il dépend dorénavant directement. Après tant d'atermoiements, il est maintenant entré dans le petit cercle de ceux sur lesquels le régime peut compter pour les sales besognes. Le 1er juillet, c'est lui qui abat le chef d'état-major des SA Ernst Röhm dans sa cellule. Et le 4, il est nommé inspecteur des camps de concentration et chef des *SS-Wachverbände*, c'est-à-dire de leurs formations de garde, qui deviendront le 29 mars 1936 *SS-Totenkopfverbände*. Il est clair, aussi, que Himmler, divisant pour régner, veut l'utiliser comme un contrepoids vis-à-vis d'autres hauts responsables des SS, en particulier le *SS-Gruppenführer* Heydrich, le chef du SD et de la Gestapo, avec qui Eicke est en conflit.

Promu lui-même *SS-Gruppenführer* le 11 juillet 1934, sa première tâche consiste à centraliser en une seule main l'administration de tous les camps, qui passent définitivement sous le contrôle des SS seulement au début de 1935. Le règlement de Dachau y entre en vigueur et le travail forcé y est instauré. L'on peut dire que Theodor Eicke aura été l'architecte du système concentrationnaire tel qu'il a fonctionné avant la guerre.

Cette première étape franchie en 1936, il tend à obtenir une plus grande autonomie encore, avec l'appui de Himmler dont il reste en pratique le subordonné direct, bien qu'il soit théoriquement hiérarchiquement dépendant du *SS-Hauptamt*. Il désire employer cette liberté d'action à forger ses *SS-Männer* à son image de national-socialiste fanatique, de la tendance la plus extrême. Maintenant qu'ils échappent au contrôle de l'*Allgemeine SS*, il tient à les sélectionner soigneusement sur le plan racial, idéologique et physique, exigeant d'eux une obéissance absolue, une fiabilité totale. Il vise aussi à développer un esprit de corps exemplaire. En bref, il veut transformer ce que d'aucuns considèrent comme de simples gardes-chiourme en une élite au sein des SS, les vrais soldats politiques du Führer ! Il n'y parviendra que dans une mesure incertaine. Pour l'heure, il s'efforce de faire admettre que les camps de concentration constituent le meilleur instrument qui soit pour neutraliser les ennemis de l'Allemagne, répétant que ses hommes sont les seuls en temps de paix à faire face à ces ennemis jour et nuit. C'est aussi, personne ne s'y trompe, une façon pour cet homme parti de rien de se forger un tremplin personnel.

Son étoile monte d'ailleurs si haut qu'il est élu au Reichstag le 30 janvier 1937. Il est à présent amené à se consacrer beaucoup plus aux *SS-Totenkopfverbände* qu'à l'inspection des *Konzentrationslager*, déléguée à son chef d'état-major, le *SS-Standartenführer* Richard Glücks. La formation idéologique des volontaires, visant à les durcir moralement à un haut degré, ne serait-ce que pour leur faciliter la tâche, commence vraiment, même si 28 % d'entre eux seulement sont inscrits au NSDAP. Désignant comme ennemis prioritaires aussi bien les juifs, les communistes et les francs-maçons que les églises, il n'aura de cesse de faire abjurer ses hommes encore croyants, avec un certain succès.

En 1937 s'amorce parallèlement, comme nous l'avons signalé dans notre avant-propos, la militarisation progressive des unités, réunies en juillet autour de trois *SS-Totenkopf-Standarten* et alignant alors près de 4 500 hommes. Dorénavant, chaque *SS-Mann* consacre pas moins de trois semaines par mois à sa formation politique et militaire, une seule à la garde des internés. Cela signifie clairement que les *SS-Totenkopfverbände* sont appelés à d'autres tâches. De fait, la *Reichsführung SS* les pose maintenant en compléments de la *SS-Verfügungstruppe*, la seule formation vraiment militarisée des SS, dont le *SS-Brigadeführer* Hausser est l'inspecteur. Il faut l'avouer, la prise en main idéologique y est bien moins accentuée !

Tout porte à croire que cette évolution satisfait Theodor Eicke, ambitionnant de jouer un autre rôle plus valorisant. De 1909 à 1919, il n'avait pu s'épanouir dans l'armée malgré son sens inné du commandement, tempéré par une soif d'indépendance insupportable. Au vrai, il hait le formalisme militaire. Il vise en fait à créer une troupe révolutionnaire, en instaurant une étroite camaraderie entre hommes et cadres, qui va paradoxalement de pair avec une discipline de fer.

S'il écarte sans pitié ceux de ses hommes qui ne lui conviennent pas, il se montre un protecteur jaloux des autres. S'il apparaît, même chez les SS, comme un être outrageusement ambitieux, difficile et rétif, brutal et agressif, suspicieux et querelleur – ce qu'il est incontestablement à l'égard de ses égaux, sinon de ses supérieurs – reste que ses subordonnés, s'ils le craignent, lui sont aveuglément dévoués, pour ne pas dire qu'ils l'adulent. Au sein des SS, ils forment un clan, à l'instar de la *SS-Leibstandarte* du *SS-Obergruppenführer* « Sepp » Dietrich. C'est à l'époque où il administre encore les camps de concentration qu'ils le baptisent *« Papa Eicke »*.

Après qu'une partie de ses hommes se soient familiarisés avec leurs nouvelles missions en participant à l'annexion des Sudètes en octobre 1938 et à l'occupation de la Bohême-Moravie en mars 1939, d'autres prennent part à la campagne de Pologne en septembre suivant, sur les arrières des armées. L'on admet qu'ils s'y sont sali les mains aux côtés des *Einsatzgruppen* du *Sipo/SD*. Le *SS-Gruppenführer* Eicke y fait lui-même office de haut-commandant des SS et de la police dans la zone des étapes des 8e et 10e armées.

Ses impitoyables *SS-Männer* formeront l'ossature de la *SS-Totenkopf-Division*. A partir d'octobre 1939, leur chef ayant manifestement atteint les limites de son pouvoir, n'est plus qu'un homme de guerre. Lui, le simple sous-officier comptable de 1918, entend commander une puissante division d'infanterie motorisée ! Évoluant dans une optique révolutionnaire, peu soucieux des règles, il juge que le fanatisme politique et idéologique, la ferme volonté de vaincre et un véritable esprit de corps suppléent largement l'absence de connaissances miliaires. La *SS-Totenkopf-Division* est en grande partie sa création. Il lui imprimera une marque indélébile.

SS-Obergruppenführer Theodor Eicke

In this famous photograph, taken in the autumn of 1942, Theodor Eicke wears the new collar insignia for the highest ranking SS officers that was adopted around April. The insignia seen here are for a *SS-Obergruppenfürer und General der Waffen-SS,* a rank that was equivalent to a lieutenant-general in the British Army, to which he was promoted from April 20.

His breast pocket bears a golden party badge, awarded on 30 January 1940 for services rendered to the State and the NSDAP, the Iron Cross 1st Class that he received from the hands of General der Kavallerie Hoepner at Bailleul on May 30 1940 and the silver wound badge awarded for a wound received on the Stalin Line on July 7, 1941. Around his neck is a Knight's Cross awarded on December 26, 1941, with oak leaves that were presented to him in person by the Führer at the Wolfschanze on June 26, counting from April 20.

In the meantime, his division having become the SS-Panzer-Grenadier-Division 'Totenkopf' , he was killed in Russia on February 26, 1943 whilst carrying out a reconnaissance flight south of Karkhov on board a Fieseler 'Storch'.

A disturbing personality... At first sight, a brutal and humourless Prussian, come straight out of a story by Daudet or Maupassant. Moreover, it fell to him the unrewarding task of putting the finishing touches to the organisation of the concentration camp system put into place by the national-socialist regime. Even in the Germany at that period, especially within the Wehrmacht, this was looked upon with scorn and even disgust. As for Eicke, he saw himself, behind the barbed wire, as a front line soldier facing enemies of the interior !

Theodor Eicke was born in Hampont (Hüdingen after being annexed by Germany) in the Lorraine on October 17, 1892. His father was the town's stationmaster and hailed from Harz. Stopping his education in 1909 at the age of 17, he enlisted in the 23rd Bavarian Infantry Regiment 'König Ferdinand von Bulgarien'. At the end of the Great War, where he had continuously fought on the French front, he held the position of accountant NCO *(Unterzahlmeister)* with the 6th replacement machine-gun company of the 2nd army corps. His medals included the Iron Cross 2nd Class, the Bavarian Order of Merit 2nd Class and the Brunswick Cross of Merit 2nd Class.

The post war years in Germany were filled with hardship and it was a hard task to set up a life for oneself. He attempted to embark on a Police career in various towns, but was sacked each time on account of his virulent activism against the Weimar Republic, no doubt within the ranks of the far-right or free corps. It was only in 1923 that he found a stable job at the BASF factory in Ludwigshafen (Rhineland-Palatinate), bought later by IG-Farben. He assisted the factory's head of security until 1932 and was thus able to provide for his wife Bertha and their two children. He joined the SA on August 28, 1928, then the NSDAP on the following December 1, receiving card number 114,901. He was then one of the first to join the SS on 29 July 1930, with SS-Nummer 2,921. From this point on, his leadership and organisational skills that he had not previously had the opportunity to use, were given a free rein. Noticed by Reichsführer SS Himmler, he rapidly climbed the promotion ladder ! On 15 November 1931, he was promoted SS-Standartenführer and given command of the 10th SS-Standarte, that of the Rhineland-Palatinate. However, accused of plotting terrorist attacks and political murders, he was arrested in March 1932 and sentenced to two years in prison, losing, of course his job with IG-Farben. A friendly hand signed his parole for health reasons and he did not hide his continued SS activities, coming into violent contact with the NSDAP Gauleiter Bürckel, forcing Himmler to discreetly exile him in Italy, but nevertheless promoting him to SS-Oberführer on October 26.

When Hitler came to power at the beginning of 1933, Eicke returned to Germany where his thirst for independence led him to illegally confine Gauleiter Bürckel, who, when released by the Schupo, managed to have him locked up in a psychiatric hospital in Würzburg. He only spent three months there and in June, Himmler placed him in command of the Dachau concentration camp that had just opened along with others to intern potential enemies of the State as a precaution or temporarily, who could not be tried by normal legal means. Several categories of 'antisocial' prisoners were liquewise sent to these camps. Although other camps were run by the SA, Dachau was a purely SS affair. Its first commander, along with certain incompetent personnel, was responsible for the needless deaths of some of the prisoners. Eicke brought back order, got rid of the incompetent personnel and established rules that were as strict for the prisoners as they were for the guards. It followed that an insurmountable barrier had to be put up between them. But the punishments that he planned were of a severity of another era, in particular the whip, and he soon had to climb down.

In spite of this, his successful running of Dachau did not go un-noticed and he was rewarded with promotion to the rank of SS-Brigadeführer on 30 January 1934. On June 20, he was named as *Führer in Stab* of the Reichsführer SS and, from now on, placed under the direct command of the latter. After so many shilly-shallies, , he was now part of the inner circle of those on whom the regime could rely for its dirty work. It was Eicke who, on July 1, shot the SA chief of staff Ernst Röhm in his cell. On July 4, he was named as the concentration camp inspector and head of the *SS-Wachverbände,* that is the guard units, that became the *SS-Totenkopfverbände* on 29 March 1936. It is obvious that Himmler, dividing to rule, wanted to use him to counterbalance other top members of the SS, in particular the SS-Gruppenführer Heydrich, the head of the SD and of the Gestapo, with whom Eicke was in conflict. Himself promoted to SS-Gruppenführer on 11 July 1934, his first task was to centralise into one entity the administration of all camps, which will definitively fall under SS control only at the beginning of 1935. The Dachau regulations were now enforced and hard labour introduced. It could be said that Theodor Eicke was the architect of the pre-war concentration camp system.

Having reached this level in 1936, he tried to obtain an even higher degree of autonomy, supported by Himmler to whom he was directly subordinate, even though in theory, he was hierarchically under the orders of the SS-Hauptamt. He wanted to use this freedom of action to mould his SS-Männer in his own image of the most extreme national-socialist fanatic. Now free from SS-Allgemeine control, he wanted to carefully recruit men based on their race, ideology and physical aptitudes, demanding of them an absolute loyalty and total reliability. He also aimed at developing an exemplary esprit de corps. To sum up, he wanted to transform what people saw as just brutal prison guards into an elite unit of the SS, the Führer's real political soldiers ! This was something that he only partially achieved. For the time being, he continued in trying to convince people that the concentration camp was the best solution for neutralising Germany's enemies, reiterating that his men were the only ones, in peacetime, to deal with these enemies day and night.

It was also obvious to everyone that it was a way for Eicke, who had climbed up from the bottom of the ladder, to create a springboard for himself.

In actual fact, his star had risen so high that he was elected to the Reichstag on 30 January 1937. He now had to spend more time with the SS-Totenkopfverbände than on inspecting the Konzentrationslager, a role that was delegated instead to his chief of staff, SS-Standartenführer Richard Glücks. The ideological training of volunteers, that aimed at morally toughening them up to a high degree, if only to make their task easier, began properly, even though only 28% of them were NSDAP members. The priority targets, concerning enemies, were Jews, communists, free-masons and the Churches and he unceasingly worked on those of his men who were still believers to make them recant their faith, with some success.

As we have already seen in the introduction, 1937 also saw the units become progressively militarised, being gathered together in July, into three SS-Totenkopf-Standarten of almost 4,500 men. From now on, each SS-Mann spent at least three weeks out of each month in political and military training, with just one week spent guarding prisoners. This clearly signified that the SS-Totenkopfverbände would be called upon for other tasks. The Reichsführung SS now added them to the *SS-Verfügungstruppe,* the only real military SS unit, of whom SS-Brigadeführer Hausser was inspector. It must be admitted, their ideological takeover was less pronounced !

Everything seems to indicate that Theodor Eicke was happy with this evolution, hoping to play another, more fulfilling role. Between 1909 and 1919, he had not really had a fulfilling career with the army, despite his natural leadership skills, tempered by an unbearable hunger for independence. In fact, he hated military formality. He wanted to create a revolutionary unit by forming a close bond between the men and their leaders, which paradoxically, went hand in hand with iron discipline. Although he showed no pity in getting rid of men who were not up to the task, he was capable of jealously protecting others. Despite being considered as outrageously ambitious, brutal, aggressive, suspicious and quarrelsome, even within the SS, - which is undeniable as far as his peers were concerned, if not his superiors, - it remains that his subordinates, although they feared him, adored him all the same. Within the SS they formed a clan, just like that of SS-Obergruppenführer 'Sepp' Dietrich's SS-Leibstandarte. It was at the time that he was running the concentration camps that he was given the name of 'Papa Eicke'.

When some of the men had familiarised themselves with their new tasks by participating in the annexation of the Sudetenland in October 1938 and the occupation of Bohemia-Moravia in March 1939, others took part, to the rear of the armies, in the Polish campaign the following September. It is acknowledged that they got their hands dirty on the Einsatzgruppen of the Sipo/SD. SS-GruppenfŸhrer Eicke was himself the high commander of the SS and police in the rear areas of the 8th and 10th armies.

His merciless SS-Männer formed the nucleus of the SS-Totenkopf-Division. From October 1939 onwards, Eicke, who had obviously reached the limits of his power, was no more than a man of war. A basic accountant NCO in 1918, was now to command a powerful motorised infantry division ! Moving in a revolutionary perspective, and not caring much for rules, he deemed that political and ideological fanaticism, the will to win and a veritable esprit de corps largely made up for a lack of military knowledge.

The SS-Totenkopf-Division was mostly his creation. He left an indelible mark on it.

BIBLIOGRAPHIE

Livres

– Klietmann (Dr. K.-G.). **Die Waffen-SS (eine Dokumentation).** *Verlag « Der Freiwillige »*, 1965.

– Krätschmer (Ernst-Günther). **Die Ritterkreuzträger der Waffen-SS.** *Verlag K.W. Schütz KG*, 1982 (3e éd. complétée et enrichie).

– Leleu (Jean-Luc). **La Waffen-SS (Soldats politiques en guerre).** *Perrin*, 2007.

– Mann (Chris Dr.). **SS-Totenkopf (The History of the 'Death's Head' Division 1940-45).** *MBI Pub. Company*, 2001.

– Mehner (Kurt). **Die Waffen-SS und Polizei 1939-1945. 3 : Schriftenreihe Führung und Truppe.** *Militair-Verlag Klaus D. Patzwall*, 1995.

– Mollo (Andrew). **Uniforms of the SS, Vol.4 : SS-Totenkopfverbände 1933-1945** and **Vol. 7 : Waffen-SS Badges and Unit Distinctions 1939-1945.** *Historical Research Unit*, 1971 and 1976.

– Niehorster (Dr. Leo W.G.). **German World War II Organizational Series. Vol. 2/II : Mechanized GHQ Units and Waffen-SS Divisions (10th May 1940).** *Copyright Dr. Leo W.G. Niehorster*, 1990.

– Scheck (Raffael). **Une saison noire (les massacres de tirailleurs sénégalais, mai-juin 1940).** Traduit de l'anglais. *Tallandier*, 2007.

– Schlecht (Hein). **Die Panzerabwehrschlacht bei Arras 1940 (Erlebnisbericht von den Kämpfen der Waffen-SS).** *Herman Hillger.*

– Stein (George H.). **The Waffen-SS.** *Cornell University Press*, 1966. Traduit en français et publié sous le titre **La Waffen-SS** (*Stock*, 1967).

– Sydnor (Charles W., Jr). **Soldiers of Destruction (The SS Death's Head Division, 1933-1945).** *Princeton University Press*, 1990.

– Trang (Charles). **Totenkopf.** *Heimdal*, 2006.

– Ullrich (Karl). **Wie ein Fels im Meer (Kriegsgeschichte der 3. SS-Panzerdivision « Totenkopf »).** *Munin Verlag, 1984* (Bildband) et 1987 (Textband). Traduit en anglais et publié sous le titre **Like a Cliff in the Ocean (The History of the 3. SS-Panzer-Division « Totenkopf »)** (*J.J. Fedorowicz Pub.*, 2002).

– Vopersal (Wolfgang). **Soldaten-Kämpfer-Kameraden (Marsch und Kämpfe der SS-Totenkopf-Division), Band 1 : Aufstellung, Frankreichfeldzug, Bereitstellung für den Rußlandfeldzug.** *Selbstverlag der Truppenkameradschaft der 3. SS-Panzer-Division e.V.*, 1983.

Articles de presse

– Brunegger (H.). **Mit dem 1. SS-T-I.R. 3 (mot) im Westfeldzug (1940).** *Der Freiwillige*, Hefte 6 u. 7-8/1991.

– Georges (Antoine). **Les combats de la division SS Totenkopf dans le Nord de la France.** *39/45 Magazine* n° 169-170 (juillet/août 2000).

– Leleu (Jean-Luc). **La division SS-Totenkopf face à la population civile du Nord de la France en mai 1940.** *39/45 Magazine* n° 177 (mars 2001).

– Schmaltz (Erwin). **Die Totenkopf-Rekrutenstandarte.** *Der Freiwillige*, Heft 6/1999.

– Vopersal (Wolfgang). **Die SS-Totenkopf-Division erhält eine schwere Artillerie-Abteilung.** *Der Freiwillige*, Heft 2/1971.

– Vopersal (Wolfgang). **« Das letzte Gefecht » l'Arbresle und Lentilly am 19./20. Juni 1940.** *Der Freiwillige*, Hefte 3 u. 4/1971.

– Vopersal (Wolfgang). **Der erste Kampfeinsatz der SS-« Totenkopf »-Division.** *Der Freiwillige*, Hefte 9, 10 u. 11/1977.

– X . **Massacre at Le Paradis.** *After the Battle* No 15 (1977).

BIBLIOGRAPHY

Books

– Klietmann (Dr. K.-G.). **Die Waffen-SS (eine Dokumentation).** *Verlag « Der Freiwillige »*, 1965.

– Krätschmer (Ernst-Günther). **Die Ritterkreuzträger der Waffen-SS.** *Verlag K.W. Schütz KG*, 1982 (3e éd. complétée et enrichie).

– Leleu (Jean-Luc). **La Waffen-SS (Soldats politiques en guerre).** *Perrin*, 2007.

– Mann (Chris Dr.). **SS-Totenkopf (The History of the 'Death's Head' Division 1940-45).** *MBI Pub. Company*, 2001.

– Mehner (Kurt). **Die Waffen-SS und Polizei 1939-1945. 3 : Schriftenreihe Führung und Truppe.** *Militair-Verlag Klaus D. Patzwall*, 1995.

– Mollo (Andrew). **Uniforms of the SS, Vol.4 : SS-Totenkopfverbände 1933-1945** and **Vol. 7 : Waffen-SS Badges and Unit Distinctions 1939-1945.** *Historical Research Unit*, 1971 and 1976.

– Niehorster (Dr. Leo W.G.). **German World War II Organizational Series. Vol. 2/II : Mechanized GHQ Units and Waffen-SS Divisions (10th May 1940).** *Copyright Dr. Leo W.G. Niehorster*, 1990.

– Scheck (Raffael). **Une saison noire (les massacres de tirailleurs sénégalais, mai-juin 1940).** Translated from English. *Tallandier*, 2007.

– Schlecht (Hein). **Die Panzerabwehrschlacht bei Arras 1940 (Erlebnisbericht von den Kampfen der Waffen-SS).** *Herman Hillger.*

– Stein (George H.). **The Waffen-SS.** *Cornell University Press*, 1966. Translated into French and published under the title of **La Waffen-SS** (*Stock*, 1967).

– Sydnor (Charles W., Jr). **Soldiers of Destruction (The SS Death's Head Division, 1933-1945).** *Princeton University Press*, 1990.

– Trang (Charles). **Totenkopf.** *Heimdal*, 2006.

– Ullrich (Karl). **Wie ein Fels im Meer (Kriegsgeschichte der 3. SS-Panzerdivision 'Totenkopf').** *Munin Verlag*, 1984 (Bildband) and 1987 (Textband). Translated into English and published under the title **Like a Cliff in the Ocean (The History of the 3. SS-Panzer-Division 'Totenkopf')** (*J.J. Fedorowicz Pub.*, 2002).

– Vopersal (Wolfgang). **Soldaten-Kämpfer-Kameraden (Marsch und Kämpfe der SS-Totenkopf-Division), Band 1 : Aufstellung, Frankreichfeldzug, Bereitstellung für den Rußlandfeldzug.** *Selbstverlag der Truppenkameradschaft der 3. SS-Panzer-Division e.V.*, 1983.

Press articles

– Brunegger (H.). **Mit dem 1. SS-T-I.R. 3 (mot) im Westfeldzug (1940).** *Der Freiwillige*, Hefte 6 u. 7-8/1991.

– Georges (Antoine). **Les combats de la division SS Totenkopf dans le Nord de la France.** *39/45 Magazine* n° 169-170 (juillet/août 2000).

– Leleu (Jean-Luc). **La division SS-Totenkopf face à la population civile du Nord de la France en mai 1940.** *39/45 Magazine* n° 177 (mars 2001).

– Schmaltz (Erwin). **Die Totenkopf-Rekrutenstandarte.** *Der Freiwillige*, Heft 6/1999.

– Vopersal (Wolfgang). **Die SS-Totenkopf-Division erhält eine schwere Artillerie-Abteilung.** *Der Freiwillige*, Heft 2/1971.

– Vopersal (Wolfgang). **« Das letzte Gefecht » l'Arbresle und Lentilly am 19./20. Juni 1940.** *Der Freiwillige*, Hefte 3 u. 4/1971.

– Vopersal (Wolfgang). **Der erste Kampfeinsatz der SS-« Totenkopf »-Division.** *Der Freiwillige*, Hefte 9, 10 u. 11/1977.

– X . **Massacre at Le Paradis.** *After the Battle* No 15 (1977).

Cet ouvrage a été réalisé sous la direction d'Eric Micheletti
Conception, réalisation : Pierre Gavigniaux et Jean-Marie Mongin

ISBN : 978-2-35 250-115-2
Numéro d'éditeur : 35 250
Dépot légal : 1er trimestre 2010

5, avenue de la République
F-75541 Paris Cédex 11 — France

Téléphone : 01 40 21 18 20
Fax : 01 47 00 51 11

www.histoireetcollections.fr

Cet ouvrage a été conçu, composé et réalisé par *Histoire & Collections*, entièrement sur stations informatiques intégrées.

Achevé d'imprimer en février 2010 sur les presses de MCC Graphics - Elkar, Espagne, Union européenne.